POLYGLOTT

RÜGEN

HIDDENSEE, STRALSUND

ON TOUR

DER AUTOR

PETER HÖH

ist freier Reisejournalist und Reisebuchautor mit Wohnsitz in
Berlin und Faible für Inseln. Er bereiste die Küste Mecklenburg-
Vorpommerns erstmals 1990 und veröffentliche daraufhin
einen ersten Reiseführer über die Ostseeküste. Seither besucht
er Rügen und Hiddensee regelmäßig. Von ihm stammen
zahlreiche Publikationen zur Region bei verschiedenen
Verlagen, Zeitungen, Zeitschriften und Fachmagazinen.
2016 war er Gewinner des ITB BuchAwards für
»Deutsche Reisegebiete – Region Ostseeküste«.

AF203888

Unser E-Book-Code zur elektronischen Erweiterung des
POLYGLOTT on tour. Das kostenlose E-Book enthält die im
Reiseführer aufgeführten Adressen entlang der Touren,
beispielsweise zu Essen und Trinken, Shoppen, Aktivitäten
und Hotel-Tipps. Links auf einen externen Kartendienst
vereinfachen das Auffinden dieser Adressen.

SYMBOLE ALLGEMEIN

 Erstklassig: Besondere Tipps der Autoren

 Seitenblick: Spannende Anekdoten zum Reiseziel

 Top-Highlights und

 Highlights der Destination

TOUR-SYMBOLE		PREIS-SYMBOLE	
1	Die POLYGLOTT-Touren		Hotel DZ	Restaurant
6	Stationen einer Tour		(Doppelzimmer)	(Hauptgericht)
A1	Die Koordinate verweist auf	€	unter 60 EUR	unter 10 EUR
	die Platzierung in der Faltkarte	€€	60 bis 100 EUR	10 bis 20 EUR
a1	Platzierung Rückseite Faltkarte	€€€	über 100 EUR	über 20 EUR

Perfekte Planung > Parallel vordere Klappe aufschlagen

TOP-12-HIGHLIGHTS

1. RESIDENZ PUTBUS > S. 62
2. OSTSEEBAD BINZ > S. 80
3. SCHMALE HEIDE MIT PRORA > S. 83
4. SEEBRÜCKE SELLIN > S. 88
5. DAS MÖNCHGUT > S. 90
6. HAFENSTADT SASSNITZ > S. 103
7. NATIONALPARK JASMUND > S. 105
8. KAP ARKONA > S. 120
9. FISCHERDORF VITT > S. 123
10. INSEL HIDDENSEE > S. 131
11. ALTER MARKT, STRALSUND > S. 141
12. OZEANEUM, STRALSUND > S. 144

ZEICHENERKLÄRUNG DER KARTEN

▭	beschriebene Region (Seite=Kapitelanfang)
10 E h	Sehenswürdigkeiten
4	Tourenvorschlag
	Autobahn
	Schnellstraße
	Hauptstraße
	sonstige Straßen
	Fußgängerzone
	Eisenbahn
	Staatsgrenze
	Landesgrenze
	Nationalparkgrenze

Garnelen
& Kibbelinge

Backfisch

Heimat

Stilechtes Fischgeschäft
im Hafen von Sassnitz

TYPISCH

RÜGEN IST EINE REISE WERT!

»Kreidefelsen auf Rügen« – Caspar David Friedrichs Bild kennt wohl fast jeder. Und steht man vor der berühmten Felsformation, wird klar, warum die Insel seit fast 200 Jahren Sehnsuchtsziel für Romantiker ist. Aber Rügen, Hiddensee und Stralsund sind noch weitaus facettenreicher.

PETER HÖH

ist freier Reisejournalist und Reisebuchautor mit Wohnsitz in Berlin und Faible für Inseln. 1990 veröffentliche er einen ersten Reiseführer über die Ostseeküste, seither besucht er Rügen und Hiddensee regelmäßig. Von ihm stammen zahlreiche Publikationen zur Region, 2016 gewann er den ITB BuchAward für »Deutsche Reisegebiete – Ostseeküste«.

Im März 1990 brach ich zum ersten Mal auf, um als Wahl-Berliner kurz nach dem Fall der Mauer die »terra incognita« an der Ostsee zu entdecken. Rügen war mir als Deutschlands größte Insel mit ihren weltberühmten Kreidefelsen natürlich ein Begriff, ebenso wie die altehrwürdige Hansestadt Stralsund und die legendäre Künstlerinsel Hiddensee. Aber dass es dann eine solch langfristige Beziehung werden würde, hätte ich seinerzeit nicht gedacht.

Der Alte Markt ist das Prunkstück von Stralsunds Altstadt

Denn seither fahre ich Jahr für Jahr auf die Insel und habe erlebt, wie ihre Städte und Dörfer Stück für Stück aus ihrem Dornröschenschlaf erwachten und sich zu dem mauserten, was sie heute sind: Zauberhafte Schätze mit unvergleichlichem Charme, wie man sie nur noch selten findet. Aus Stralsunds einst marodem mittelalterlichen Stadtbild ist UNESCO-Weltkulturerbe geworden, die Altstadt wurde und wird Zug um Zug zur Perle der Backsteingotik saniert. Die traditionsreichen Seebäder atmen wieder den mondän-nostalgischen Charme der Belle Époque, viele ihrer Bäderar-

Kunst im Küsterhaus in Wiek – Rügen hat eine vitale Kunstszene

chitektur-Bauten wurden renoviert oder wiederhergestellt. Zahlreiche der früher bröckelnden kleinen Landkirchen sind restauriert. Die vielen alten Junkersitze erstrahlen heute oft als prachtvolle Schlosshotels im aristokratischen Glanz. Graue Fischerdörfchen mit ihren krummen Reetkaten haben sich in bilderbuchschöne Augenweiden verwandelt, die jedem mit etwas Sinn für Nostalgie und Romantik das Herz aufgehen lassen.

Solche Glücksmomente hält Rügen für mich zahlreiche parat: Wenn ich von den sanften, von duftendem Trockenrasen überzogenen Hügeln der Zickerschen Alpen hinabblicke auf die Boddenlandschaft des Mönchguts, wenn ich die alten Buchenwälder der Granitz auf dem Weg hinauf zum stolzen Jagdschloss wandere oder bei Wind und Wetter am endlosen Strand der Schaabe entlang. Ein unvergleichliches Naturschauspiel zieht mich zum einsamen Ufer des Schoritzer Wieks, wenn der vielstimmige Vogelchor die Luft erfüllt, wenn zum Vogelzug Zehntausende von Kranichen und Graugänsen in seinen seichten Gewässern rasten. Und wenn ich Beschaulichkeit suche, verlasse ich die großen Wege und durchwandere die abgelegenen Gestade des Jasmunder Boddens mit ihren idyllischen Dörfchen, wo ich mich in einem der Traditionsgasthäuser mit delikatem Fisch – fangfrisch oder aus dem Rauch – stärke. Ein Hochgenuss!

Aber auch das touristische Rügen geizt nicht mit seinen Reizen. Die Insel ist ein beliebtes Ferienziel, dem es an nichts mangelt, was der Erholungssuchende erwartet und wünscht: lebendige Seebäder mit schönen Seebrücken und schmucken Promenaden; ein breites Angebot an Vergnüglichkeiten; Läden, Geschäfte, Restaurants, Strandcafés und Bars; Thermen, Spaßbäder, Saurierpark und Erlebnisdörfer; spektakuläre Novitäten wie das Ozeaneum in Stralsund oder der Baumwipfelpfad auf der Prora; ein tolles Radwegenetz,

Die Villa Quisisana in Binz ist ein Musterbeispiel für die Ostsee-Bäderarchitektur

Kitecamps, Galerien, Festspiele, Heilfasten, Kräuterwanderungen und vieles mehr. Man braucht wahrlich auf keine Annehmlichkeit mehr zu verzichten.

Doch trotz aller Umwälzungen und Veränderungen ist Rügen vor allem – und Gott sei Dank – geblieben, was es war: eine zauberhafte Insel mit tiefen Wäldern, stillen Seen, steilen Klippen, weißen Stränden. Rügen ist einfach schön, schön zu jeder Jahreszeit: Im Frühling, wenn die Wiesen und Heiden erblühen; im Sommer, wenn die Seebäder und ihre Strände Badespaß garantieren; im Herbst, wenn die Winde wehen und die Inselwälder in warmes Rot-Gelb getaucht sind; und im Winter, wenn Väterchen Frost das Land mit seinem glitzernden Kleid überzieht und man am knisternden Kamin heißen Sanddornsaft schlürfen kann.

Rügen ist auf jeden Fall eine Reise wert – mehr als eine!

WAS STECKT DAHINTER?

Die kleinen Geheimnisse sind oftmals die spannendsten. Hier werden die Geschichten hinter den Kulissen erzählt.

WARUM GIBT ES SO VIELE BAKENBERGE?

Man findet sie im Mönchgut, auf Wittow, Hiddensee und anderswo – die Bezeichnung Bakenberg, was einigermaßen verwirrt. Bekanntlich heißen die Vorwarnzeichen vor Bahnübergängen auch »Baken«. Der Begriff aus dem Niederdeutschen bezeichnet »Warnsignale«, Bakenberge sind also »Signalberge«. Auf diesen exponierten Lagen wurden früher Feuerbaken aufgestellt, lange Stangen, an deren Ende man Stroh- oder Reisigbündel befestigte. Diese wurden beim Herannahen einer Gefahr in Form von Fluten, Unwettern oder Feinden entzündet. Das weithin sichtbare Feuer veranlasste den Wächter am nächsten Berg, seine Bake zu entzünden, und so konnte sich die Warnung im sprichwörtlichen Lauffeuer schnell auf der ganzen Insel verbreiten.

WAS SIND HÜHNERGÖTTER?

Hühnergötter ist die volkstümliche Bezeichnung für Flintsteine (Feuersteine) mit einem schönen runden Loch. Sie sind eines der beliebtesten und begehrtesten Rügen-Souvenirs. Den »Drudensteinen«, wie man sie auch nennt, werden magische Kräfte zugeschrieben. So ein Lochstein schützt vor dem »Bösen Blick«, hilft gegen Hexenschuss und erfüllt Wünsche, wenn man durch sein Loch auf den Horizont schaut, sich etwas wünscht und dann auf ihn spuckt. Man muss ihn aber stets bei sich tragen, z. B. um den Hals, wobei das Loch sehr hilfreich ist. Das »Bohrloch« stammt übrigens von ehemals in den Stein eingelagerten Seeliliensstengeln. Der Name »Hühnergott« rührt von dem uralten Ruganer Glauben her, es belebe die Legefreudigkeit von Hühnern ganz entscheidend, wenn man ihnen einen solchen Stein ins Nest legt. Die Bezeichnung »Flintstein« wiederum stammt aus der Zeit, als Feuerstein-Funken in den Steinschlossflinten das Pulver zündeten.

WO SIND CASPAR DAVID FRIEDRICHS »KREIDEFELSEN AUF RÜGEN«?

Die meisten Wanderer haben die Bilder Caspar David Friedrichs (1774–1840) im Sinn, wenn sie die Jasmunder Küste entlangstreifen. Zwischen dem Königsstuhl und den Wissower Klinken suchen sie unwillkürlich nach der berühmten Perspektive der »Kreidefelsen auf Rügen« > S. 42. Nach heutigen Erkenntnissen handelt es sich um eine Felspartie südlich von der Viktoriasicht > S. 102. Das Bild entstand 1818 auf der Hochzeitsreise des in Greifswald geborenen Malers. Heute ist es im Museum Oskar Reinhart in Winterthur (Schweiz) ausgestellt.

50 DINGE, DIE SIE ...

Hier wird entdeckt, probiert, gestaunt, Urlaubserinnerungen werden gesammelt und Fettnäpfe clever umgangen. Diese Tipps machen Lust auf mehr und lassen Sie die ganz typischen Seiten erleben. Viel Spaß dabei!

... ERLEBEN SOLLTEN

1 **Eine Zugfahrt, die ist lustig** Eine Fahrt mit der historischen Schmalspurbahn Rasender Roland in Kombination mit einem Besuch des Jagdschlosses Granitz › S. 86 ist ein absolutes Rügen-Highlight.

2 **Hiddensees bunte Vögel** Die Künstlerinsel erlebt man anschaulich und kurzweilig mit der Autorin und Verlegerin Ute Fritsch, die mit Geschichten, Gedichten, Bildern und Anekdoten an Originalschauplätzen »ihre« Künstler auferstehen lässt (Tel. 0 30/44 05 02 22 od. 01 70/ 4 12 52 77, www.kuenstlerinsel-hiddensee. de; Ostern–Mitte Sept.).

Am »Adlerhorst«, Baumwipfelpfad Prora

3 **Im Zweitakt rund um Rügen** In einer legendären »Rennpappe«, wie der Volksmund den Trabant einst liebevoll taufte, erlebt man die Insel mit viel (N)Ostalgie-Spaß. Den Trabant-Verleih Dombrowski 📖 D4 findet man in Ramitz (Dorfstr. 8a, Tel. 0 38 38/3 12 38, www.auto-dombrows ki.de; ca. 60 €/Tag).

4 **Ein Prost auf den neuen Tag** Romantisch ist eine Wanderung auf dem Baumwipfelpfad › S. 84 zum Sonnenaufgang über der Ostsee, den Sie bei einem Glas Sekt vom Aussichtsturm »Adlerhorst« erleben (Anm. Tel. 03 83 93/66 22 00, info@ nezr.de; Erw. 15 €, Kind 8 €, , jeden 1. Fr im Monat, Beginn variabel, je nach Sonnenaufgangszeit).

5 **Rügens spannendste Kunstadresse** Im alternativen Kulturzentrum La Grange 📖 D5 in Bergen erwartet Sie ein künstlerisch-kreatives Feuerwerk wie Videokunst, Installationen, Workshops, Partys und anderen Events jenseits des Mainstream. Mitmachen! (Gingster Chaussee 6, www.la-grange.de).

6 **Weiß der Geyer** Rügen erlebt man besonders idyllisch, wenn man mit René Geyer (»Kräutergeyer«) durch das Mönchgut wandert und

Auf Zeesbooten, den früheren Arbeitsseglern, werden heute Törns angeboten

den Erklärungen und Erzählungen des Naturführers zu Botanik oder Frühgeschichte Rügens lauscht (Am Mühlengrund 5, Lancken-Granitz ◆ F6, Tel. 01 73/9 89 80 31, www.naturgeyer.de; 9 €, Kind 6–14 J. 3 €).

7 Wasserskiseilbahn In einem See mit Strand in einer ehemaligen Kiesgrube bei Zirkow (Zentralrügen) › S. 88 kann man sich auf Wasserski und Wakeboard rasant über die Wasseroberfläche ziehen lassen, für Anfänger gibt es auch Einstiegskurse (60 Min. ab 22 €, unter 16 J. 18 €).

8 Von Dieben, Mördern und Huren Eine Nachtwächterführung durch die Winkel und Gassen des nächtlichen Stralsund lässt die alten Zeiten wieder lebendig werden (Anm. bei der Tourismuszentrale › S. 146; Mai–Okt. Di u. Fr 21 Uhr, Dauer 2 Std., 10 €).

9 Unter braunen Segeln Ein exklusives Erlebnis ist ein Zeesboottörn mit einem der traditionellen Fischer-Segelboote, besonders romantisch zu Sonnenuntergang mit Abendessen, Kaffee, Tee und Grog (»FZ Schwart Johann« ab Hafen Gager ◆ G7: Tel. 01 75/8 91 11 87; »FZ Sophia-Therese« ab Hafen Vitte ◆ A3: Tel. 01 72/ 3 82 64 04, www.hiddensee-segeln.de).

10 Robbenwatching Vom Baaber Bollwerk aus › S. 65 starten Exkursionen zu den Sandbänken im Greifswalder Bodden, wo sich Kegelrobben tümmeln. Meeresbiologen informieren über die Tiere und beziehen die Teilehmer in ihre Forschung mit ein (Info/Anm. Tel. 0 38 31/ 2 68 10, www.weisse-flotte.de unter »Angebote«; Mitte Mai–Ende Okt. Mo 10.30 Uhr, Dauer 2,5 Std., 23 €, Kind bis 14 J. 14 €).

11 Oldtimersafari Das gibt's nur auf Rügen: Im GruKW AL 28, dem in den 1960er-Jahren von Überfallkommandos der Bereitschaftspolizei eingesetzten 12-sitzigen Spezialgeländewagen mit Hanomag-Tours ▮ F3 über Stock und Stein fahren, etwa durch Granitz und Mönchgut (Ferienheim Birkengrund 1, Sassnitz, Tel. 01 71/7 43 09 64, www.hanomag-tours.de; ab 59 €, Kind ab 30 €).

12 Mit allen Sinnen Am schilfumsäumten Ufer des Schmachter Sees ▮ F5 bei Binz erstreckt sich der Park der Sinne mit Terrassen, Brunnen und Wasserläufen. Unterwegs trifft man auf Spiel- bzw. Sinnesstationen, einen Wasserspielplatz, einen Irrgarten, einen Rosen- und Duftgarten und einen Aussichtsturm (frei zugänglich).

... PROBIEREN SOLLTEN

13 Tortenparadies Auf der Terrasse des Moccavino ▮ F6 schwelgt man in den köstlichen Kuchen und unglaublichen Torten aus der Backstube von Frau Küssner oder genießt zum Flammkuchen und Wein den Sonnenuntergang über dem Bodden (Alt Reddevitz 18a, Tel. 03 83 08/ 6 63 36, www.moccavino.com; tgl. ab 11 Uhr bis Sonnenuntergang, Di/Mi Ruhetag).

14 Rügenwild Auf Rügen kommen auch Spezialitäten vom heimischen Wild auf den Tisch – besonders fein kombiniert als Steakpfanne mit zartem Kurzgebratenem vom Hirsch und Wildschwein in der Kleinen Försterei in Hagen › S. 107.

15 Florales Wahrzeichen Rügens Die orangerote, vitaminreiche Sanddornfrucht wird zu vielfältigen Produkten verarbeitet, bis hin zu Kosmetika. Köstlich sind traditionelle Fruchtaufstriche, z. B. von der Sanddorn-Hexe ▮ B5 (Dorfstr. 21a, Klein Kubitz, Tel. 03 83 05/5 51 80, www. sanddornhexe-inselruegen.de).

16 Ökoburger vom Öherind Wer einmal erfahren will, wie köstlich ein Burger schmecken kann, sollte in Schillings Gasthof › S. 75 in Schaprode einkehren. Denn der »Mäc-Schilling« wird aus dem eigenen Öko-Salzwiesenrind gemacht.

17 Fisch to go Die besten Fischbrötchen gibt es direkt beim Fischer, besonders lecker und zünftig in Groß Zicker bei Sönke und Steffi im urigen Hof hinterm Haus der Fischräucherei Dumrath ▮ G7 (Boddenstr. 25; Juni–Sept. Mo–Fr. 11–18, Sa/So 10–18, April, Mai, Okt. 11–17 Uhr, Mi Ruhetag).

18 Rügen-Gelati Nicht in den Seebädern, so versichern Ruganer, gibt es das beste Eis der Insel, sondern im Gasthaus Fähreck › S. 75 in Trent. Seit rund 50 Jahren wird hier die kalte Köstlichkeit nach Hausrezepten selbst gemacht. Nicht nur das Erdbeereis ist ein Genuss!

19 Pfefferlappen Die Fischer auf Hiddensee entwickelten die Spezialität der pfeffrigsüß eingelegten zarten Heringsfilets. Dazu passen gut Schwarzbrot und Bier; zu probieren z. B. in Stralsund in der urigen Kellerkneipe Scheels b1 (Fährstr. 23–25, www.scheelehof.de).

20 Piraten-Gerstensaft Bierliebhaber können in der Störtebeker Braumanufaktur A7 in Stralsund auf geschmackliche Entdeckungstour gehen. Neben klassischem Pils finden sich Bierspezialitäten wie etwa das fruchtig-herbe »Atlantik Ale« im Sortiment (Greifswalder Chaussee 84, Tel. 0 38 31/25 50, www.stoertebeker.com; auch Führungen, Verkostungen, Biersommelierabende).

21 Sack zum Dessert Die »Hiddenseer Sturmsäcke« sind eine spezielle Windbeutelvariante. Die fruchtige Säure des Sanddorngelees verträgt sich sehr gut mit der feinen Süße des Brandteiggebäcks. Eine vorzügliche Hausspezialität im Café Rosi › S. 136 in Neuendorf.

22 Räucherfisch Im Rauch veredelteter Ostseefisch ist eine Delikatesse, wovon man sich z. B. bei einer Räucherfischplatte in der Aalkate Baabe › S. 92 überzeugen sollte.

... BESTAUNEN SOLLTEN

23 Rosenhimmel Die Inselkirche von Kloster › S. 131 auf Hiddensee überrascht in ihrem Inneren mit einem 1922 von Nikolaus Niemeier – Maler, Dichter, Puppenspieler und Liebhaber der Künstlerinsel – dekorativ mit Blumen bemalten Tonnengewölbe, bekannt als »Hiddenseer Rosenhimmel«.

Kunstvoll gestaltetes hölzernes Deckengewölbe der Hiddenseer Inselkirche Kloster

Kreidefelsen-Blick bei Viktoriasicht im Nationalpark Jasmund

24 Kranichzug Im Frühjahr und Herbst rasten Tausende der »Vögel des Glücks« bei ihrem Zug in den seichten Gewässern des Udarser Wieks zwischen Ummanz und Rügen – ein einmaliges Schauspiel, zu beobachten von Plattformen wie der in Tankow 📗 B4 auf Ummanz.

25 Wohnen und Arbeiten um 1900 Die historischen Handwerkerstuben Gingst › S. 72 geben mittels Originalgegenständen Einblicke in Rügens Handwerkstradition, etwa einer Schuster- und Schneiderfamilie – inklusive Fingerhutsammlung.

26 Wie die Zeit vergeht Ein Ausflug in die Welt der tickenden Zeitmesser und klingenden Maschinen ist der Besuch des Putbuser Uhren-und Musikgerätemuseums › S. 63. Der Sammler Franz Sklorz hat in seinem Leben über 1000 historische Uhren zusammengetragen, kurios ist die »Spionenuhr« mit Mikrofon und extra Aufnahmegerät.

27 Pfarrwitwenhaus Das denkmalgeschützte reetgedeckte Mönchguthaus von 1723, umgeben von einem herrlichen Kräutergarten, zählt zu den schönsten Fotomotiven auf Rügen › S. 96. Das Interieur kann auch besichtigt werden.

28 Die Minute von Bergen In der Stadt Bergen auf Rügen gehen die Uhren anders, zumindest an der Turmuhr an der Nordseite an der Marienkirche › S. 67. Als das Zifferblatt 1983 erneuert werden musste, bohrten die Arbeiter versehentlich ein Loch zu viel. Suchen Sie mal die 61. Minute.

29 Ostseeriese Die Dimensionen der imposanten Meeressäuger werden einem erst richtig bewusst, wenn man im Stralsunder Meeresmuseum › S. 141 unter dem Skelett des 1825 an Rügens Küste gestrandeten Finnwals steht.

30 Königlicher Blick Die Große Stubbenkammer mit dem Königsstuhl ist Rügens Highlight. Den schönsten Blick auf den majestätischen Kreidefelsen eröffnet aber die Aussichtsplattform auf der nahen Viktoriasicht, die spektakulär über den Abgrund hinausragt › S. 102.

31 Rügens Musentempel Allein der Saal des Theaters Putbus › S. 63 aus dem 19. Jh. lohnt einen Besuch. In der fürstlichen Pracht eine Oper oder Theateraufführung zu erleben ist ein Hochgenuss.

32 Backsteinpracht Die Prunkfassade des Stralsunder Rathauses zum Alten Markt hin › S. 141, mit ihren sieben Spitztürmen und sechs Sternenkreisen um 1370 nach Lübecker Vorbild gestaltet, ist gotische Baukunst in Vollendung.

... MIT NACH HAUSE NEHMEN SOLLTEN

33 Donnerkeil und Ostseegold Peter Müller (»Steinmüller«) sammelt gern Seeglas, Versteinerungen, Feu-ersteine etc. In seiner Manufaktur › S. 109 in Lohme verwandelt er die Funde in hübsche Schmuckstücke und kleine Kunstwerke, wie z.B. Leuchttürmchen aus mehrfarbigem Bernstein (ca. 5 cm hoch, um 20 €).

34 Kreidemännchen Im Rügenhof Arkona › S. 120 in Putgarten werden die putzigen Inselmaskottchen aus reinweißer Kreide handgefertigt, wobei man deren Erfinder, Marlies und Reinhardt Jost, zusehen kann (Dorfstr. 22, Tel. 01 74/9 48 90 41, www.ruegener-kreidemaennchen.de).

35 Edler Geist in der Flasche Rainer Hessenius widmet sich in seiner Ersten Rügener Edeldestillerie › S. 48 mit Herzblut seinen Spitzenbränden aus selbst angebautem Bio-Obst, wie der exklusive im Holzfass ausgebaute Bio-Edelbrand »Bernstein Apfel« (0,35 l, 49,90 €).

Rügener Kreidemännchen

36 **Markusbrot – Marci panis** Das Stralsunder Edelmarzipan mit 70 % Mandelanteil der kleinen, aber feinen Manufaktur Sumara 📖 a2 schmeckt köstlich und ist jenem des großen Lübecker Konkurrenten zumindest ebenbürtig (Jungfernstieg 1b, Stralsund, Tel. 0 38 31/4 43 80, www.stralsunder-marzipan.de).

37 **Heidekrautstrauß** Normalerweise darf und soll man der Natur nichts entnehmen. Ganz anders in der Dünenheide › S. 136 auf Hiddensee: Im der Ostsee (nicht dem gesperrten Bodden!) zugewandten Teil darf Heidekraut gepflückt werden – dies ist sogar erwünscht, dient es doch der Verjüngung der Heide.

38 **Insel-Lesebücher** In der Buchhandlung »Die Koralle« 📖 b1 in Vitte auf Hiddensee kann man man wunderbar in einer Menge Regionalliteratur stöbern. Zur Urlaubsnachbereitung ideal: »Rügen – Ein Lesebuch« bzw. »Hiddensee – Ein Lesebuch«. Die Autorin der beiden Werke ist Renate Seydel, eine ausgewiesene Inselexpertin und als Inhaberin der Koralle auch für einen »Schnack« offen (Norderende 202, Tel. 03 83 00/2 18; tgl. 10–18 Uhr).

39 **Badebär** Der knuffelige Binzer Badebär im weiß-rot gestreiften Schwimmdress ist ein Maskottchen des Ostseebades und ein beliebtes Souvenir. Das in geringer Stückzahl handgefertigte Kuscheltier (19,50 €) gibt es an seinem »Geburtsort«, im Stubenrestaurant Omas Küche 📖 F5 (Proraer Chaussee 2, Binz, Tel. 03 83 93/ 1 35 56, www.omas-kueche-binz.de).

Durch die Hiddenseer Dünenheide führen schöne Wege – aber bitte diese nicht verlassen

40 Hühnergötter Die Feuersteine mit rundem Loch › S. 11, eigenhändig gesammelt beim Strandspaziergang, sind eine schöne Erinnerung von Rügen oder Hiddensee.

41 »Up Rügen dor feuhl ik mi wohl« Die Musik des Trios »De Mönchguter Fischköpp« ist ein Markenzeichen ihrer Insel und spiegelt das Lebensgefühl wider. Ihre CDs sind in den örtlichen Geschäften erhältlich (Hörproben: www.moenchguter-fischkoepp.de).

42 Hochzeitsapfel Wer nach einem Hochzeitsgeschenk sucht, sei der Rügener Hochzeitsapfel ans Herz gelegt. Das Original – und andere dekorative Keramik – gibt es nur im Keramik-Stübchen Anneliese Brandt ▮ D5 in Bergen (Birkenweg 20, Tel. 0 38 38/2 45 26).

... BLEIBEN LASSEN SOLLTEN

43 Dünengürtel betreten Wer an Stränden die ausgewiesenen Zugänge verlässt und über die Dünen klettert, schädigt das überaus sensible und für den Küstenschutz elementar wichtige Ökosystem › S. 154.

44 Badeverbote ignorieren Ein Schild »Baden verboten« zeigt an, dass hier wegen Strömungen oder Brandung Baden lebensgefährlich ist. An bewachten Badestränden signalisiert die gelbe Flagge »Baden für Kinder und Ungeübte verboten«, die rote »Baden verboten«.

45 Absperrungen missachten An den Steilufern auf Rügen und Hiddensee nagt ununterbrochen die See. Jedes Überklettern von Absperrungen ist mit Abbruch- und damit Lebensgefahr verbunden.

46 Möwen füttern Wer auf Seebrücken oder in Gartenlokalen Möwen füttert, muss sich nicht wundern, wenn sie aufdringlich werden. Dazu ist Möwenkot sehr aggressiv und hinterlässt auf der Kleidung dauerhafte Flecken.

47 Hunde am Strand Auf Rügen und Hiddensee ist es Mai–Okt. verboten, Hunde mit an den öffentlichen Badestrand zu nehmen. In fast allen Badeorten gibt es aber ausgewiesene Hundestrände › S. 154.

48 Schlangen stören In Dünen, Heiden und Mooren kann man Schlangen begegnen, darunter auch giftigen Kreuzottern › S. 40. Deshalb festes Schuhwerk tragen und bei Begegnung nie die Schlange attackieren, sondern ruhig bleiben!

49 Anbiedern und Hektik Ruganer sind bodenständig und eher verschlossen. Hast ist ihnen i. d. R. ebenso fremd wie allzu überschwengliche Freundschaftsgesten. Wer ihnen damit allzu forsch kommt, muss mit reservierter bis ablehnender Reaktion rechnen.

50 Ruganer Rügener nennen Die Inselbewohner heißen Ruganer oder allenfalls noch Rüganer, niemals aber Rügener › S. 37.

Holzpfähle schützen die Küste von
Hiddensee vor der Ostseebrandung

REISEPLANUNG
& ADRESSEN

DIE REISEREGION IM ÜBERBLICK

Am letzten Tag der Schöpfung stand Gott kurz vor Sonnenuntergang auf Bornholm und blickte prüfend zur pommerschen Küste. »Unvollständig«, befand er, kratzte mit der Maurerkelle einen Rest Erde zusammen und schleuderte ihn übers Wasser.

Der Erdklumpen klatschte kurz vor dem Festland ins Meer. Mit kundigem Strich glättete der Herr einige raue Kanten. Im verlöschenden Tageslicht strich er die letzten verkrusteten Erdkrümel von der Kelle und klebte sie an das neue Eiland Rügen. Jasmund und Wittow sahen ziemlich uneben aus – da versank die Sonne endgültig hinter dem Horizont. »Feierabend«, murmelte der Meister und: »Nun lass' es man so sein, wie es ist.« Die Geschichte ist oft erzähltes Rügener Kulturgut. Tatsächlich stößt man auf Rügen auf eine erstaunliche landschaftliche Vielfalt. Hier ragen 100 m hohe Kreidefelsen auf, dort erstrecken sich endlos weiße Sandstrände, dazwischen gibt es herrliche Wälder zu entdecken, glanzvolle Bäderarchitektur und liebliche Boddenlandschaft. Jede dieser Attraktionen wäre eine Reise wert, zusammen machen sie Rügen einzigartig.

»Muttland« nennen die Bewohner **Rügens Inselkern,** in dem jeder Rügenreisende ankommt, die wenigsten jedoch bleiben. So ist der größte Teil der Insel zwischen Strelasund und Jasmunder Bodden vom Tourismus weder preislich noch baulich wesentlich berührt. Wer einmal bei der Prosnitzer Schanze in der Wiese lag und den großen und kleinen Schiffen zusah, die durch den schmalen Strelasund der alten Hansestadt Stralsund zustreben, der weiß, was die großen Vorzüge dieses Stückchen von Rügen sind – Ruhe und Beschaulichkeit, Stille und Natur.

Zweifelsohne Rügens schönstes Stück ist der Südosten, der sich aus der **Granitz** und dem **Mönchgut** zusammensetzt. Nicht von ungefähr konstatierte der Schriftsteller Max Dreyer 1924 begeistert, dass es neben dem Mönchgut »nur ein Gestade auf der ganzen Welt gibt mit so wunderbar wechselnden weichen und scharfen gerissenen Linien, und ebensolche Zwiesprache hält mit dem Himmelslicht: die griechische Küste«. Rügens Südwesten ist nicht nur mit herausragender Natur und Attraktionen beglückt wie dem Jagdschloss Granitz, der Seebrücke Sellin und dem Schmalspurbähnchen »Rasender Roland«, das seit mehr als 100 Jahren dieses Idyll gemächlich durcheilt. Es besitzt dazu auch ein angenehmes Klima: Nirgendwo auf Rügen ist es windstiller und nirgendwo fallen weniger Niederschläge als hier.

Wie ein gigantischer Balkon ragt die gewaltige gekippte Kreidescholle der **Halbinsel Jasmund** heraus. Ihre Halterungen sind die Schmale Heide und die Schaabe, zwei schmale Landbrücken aus feinem Sand mit herrlichen

Idyllisches Mönchgut mit blühenden Kornblumen

Stränden. Doch nicht zum Baden strömen die Besucher nach Jasmund. Sie kommen, um die weltberühmten Kreidefelsen am Königsstuhl zu sehen. Nirgendwo fühlt man sich der deutschen Romantik so nahe wie hier, und man versteht gut, wieso sich gerade hier ihr Mitbegründer und populärster Vertreter Caspar David Friedrich so gern inspirieren ließ. Sein berühmtes Gemälde »Kreidefelsen auf Rügen« gilt als ein Hauptwerk der Romantik.

Über die fast baumlose Hochfläche der **Halbinsel Wittow** können die Westwinde ungehindert blasen. Wittow ist einfaches Bauernland und die am dünnsten besiedelte Region Rügens. Große Orte und Sensationen findet man hier nicht. Auch Badestrände sind rar, und wo es sie gibt, sind sie dem Westwind ausgeliefert. Dennoch macht fast jeder, der nach Rügen reist, auch einen Abstecher zum Kap Arkona, dem »Nordkap« der Insel.

»Sötes Länneken« nennen die Einheimischen die **Insel Hiddensee** zärtlich. Dem ist nicht viel hinzuzufügen. Denn seit das schmale, lang gezogene Eiland, das wie ein Seepferdchen vor Rügens Westküste schwebt, für den Tourismus entdeckt wurde, ist sie eher Pilgerort als Urlaubsziel. Denn sie vereint auf gerade einmal 18 km² so ziemlich alle Landschafts- und Küstenformen, die die Ostseeregion zu bieten hat. Es gibt nur ein sehr begrenztes Bettenangebot, was sie noch begehrenswerter macht.

»Und wenn sie mit Ketten an den Himmel geschmiedet wäre, so will ich sie doch herunterholen«, tobte einst Wallenstein, als er die altehrwürdige

Hansestadt Stralsund belagerte. Allein, es gelang ihm nicht. Auch die alliierten Bomberflotten und die real ruinierende DDR-Städtebaupolitik haben es nicht geschafft, die einzigartige mittelalterliche Altstadt zu zerstören. Ein Glücksfall für die Stadt und das Land, denn dort haben die Kaufleute, Ratsherren und Handwerker mit all ihrem Reichtum und ihrer Schaffenskraft versucht, die ewige Konkurrentin Lübeck auszustechen und zu übertrumpfen. In einem gewaltigen Kraftakt wurde seit der Wende die gesamte als UNESCO-Welkulturerbe ausgewiesene Altstadt mit ihren weit über 800 Baudenkmälern saniert und restauriert.

KLIMA & REISEZEIT

Für Rügens gemäßigtes Reizklima charakteristisch sind milde Winter und kühle Sommer.

Die Wassertemperatur steigt kaum über 18 °C. Im Mai leuchten die Rapsfelder; von Mai bis Juni blüht die Ginsterheide am Reddevitzer Höft; im Oktober zeigt sich der Nationalpark Jasmund herbstbunt; und ein besonderes Ereignis ist es, wenn die Ostsee zufriert. Die aktuelle Wetterlage wird von vier Messstationen auf Rügen und drei auf Hiddensee erfasst. Regionale Wetterinfos z. B.: www.wetteronline.de/wetter/ruegen; Live-Webcams auf Rügen: www.ruegen-webcam.de.

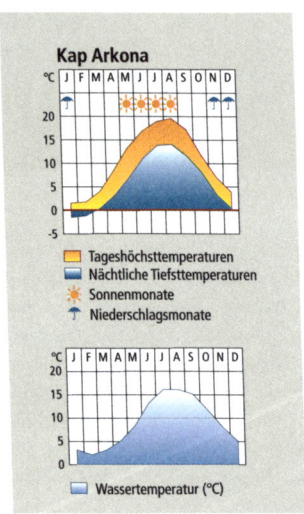

Kap Arkona

☐ Tageshöchsttemperaturen
☐ Nächtliche Tiefsttemperaturen
☀ Sonnenmonate
☂ Niederschlagsmonate

☐ Wassertemperatur (°C)

ANREISE

MIT DEM KFZ

Von Westen auf der Küstenautobahn A 20 kommend reist man bis Abfahrt Tribsee, von Osten via Prenzlau bis Abfahrt Greifswald oder Grimmen West und kreuzungsfrei weiter bis nach Stralsund. Seit die Umfahrung zur neuen Rügenbrücke (mautfrei) fertiggestellt ist, sind die berüchtigten Staus vor dem Rügendamm Vergangenheit. Den einzigen weiteren Zugang nach

Rügen bildet die Glewitzer Fähre, die von Stahlbrode nach Glewitz übersetzt (Tel. 01 72/7 52 68 36, www.weisse-flotte.de; ab Stahlbrode Mitte April bis Okt. tgl. 6.30–19.30, in der Hochsaison bis 21 Uhr).

MIT DER BAHN

Direkte IC-/EC- und ICE-Verbindungen der Deutschen Bahn (Tel. 0 18 05/99 66 33, www.bahn.de) sind:

- Ruhrgebiet › Münster › Hamburg › Rostock › Stralsund › Binz/Rügen
- Ruhrgebiet › Hannover › Berlin › Stralsund › Binz/Rügen
- Frankfurt (M.) › Erfurt/Halle › Berlin › Stralsund › Binz/Rügen
- Karlsruhe › Frankfurt › Hannover › Hamburg › Rostock › Stralsund › Binz/Rügen
- Dresden › Berlin › Binz/Rügen
- München › Nürnberg › Leipzig › Berlin › Stralsund › Bergen/Rügen › Binz/Rügen

REISEN IN DER REGION

MIT DEM KFZ

Die Entfernungen auf Rügen sind größer, als man glaubt, oft müssen Boddeneinschnitte umfahren werden. Die meisten Straßen sind gut ausgebaut, doch viele sind beengt und von nah an der Farbahn stehenden Bäumen gesäumt. Seit die Aktion »Auf Rügen mit Licht« existiert, sind die Unfallzahlen stark gesunken. Fahren deshalb auch Sie immer mit Abblendlicht! Auf Nebenstrecken stößt man noch oft auf schmale Betonschwellenwege, die sehr unkomfortabel sind.

MIT ÖFFENTLICHEN VERKEHRSMITTELN

Die **Deutsche Bahn** verkehrt auf der Strecke Stralsund › Bergen › Binz (www.bahn.de). Auf Rügen wird die Strecke Bergen › Putbus › Lauterbach von den Zügen der **Pressnitztalbahn** bedient (www.bergen-lauterbach. com). Die historische Schmalspurbahn **Rasender Roland** › S. 150 verbindet Putbus mit den Seebädern Binz, Sellin und Göhren (www.ruegensche-baederbahn.de).

Die **Verkehrsgesellschaft Vorpommern-Rügen mbH (VVR)** unterhält ein dichtes Busnetz, mit Verbindungen zu fast allen Orten auf Rügen, sowie den Inselbus auf Hiddensee (www.vvr-bus.de).

Nach Fahrplan fahren auch die Bäderverkehr-Schiffe der **Reederei Ostsee-Tour** zwischen den Seebädern Sassnitz, Binz und Sellin. Die **Reederei Hiddensee** bietet von Stralsund und Schaprode regelmäßige Fähren zu den Orten auf Hiddensee. Die **Weiße Flotte** betreibt die Wittower Fähre › S. 126

und die Glewitzer Fähre › S. 25 sowie Personenschifffahrt zwischen Stralsund und Altefähr und Ausflugslinien (Insel Vilm, Lauterbach–Baabe). Informationen und Fahrpläne zur Linien- und Ausflugsschifffahrt auf Rügen sowie Links zu den o. a. Reedereien: www.ruegen-schifffahrt.de.

MIT DEM FAHRRAD

Das Radwegenetz wird ständig erweitert, der Fernradweg Rügen-Rundtour führt über 275 km um die Insel (www.auf-nach-mv.de/radweg-ruegen-rundweg). Von Mitte Mai bis Mitte Okt. verkehren die RADzfatz-Busse des VVR mit Radanhängern (max. 12 Fahrräder). Radlerfreundliche Unterkünfte findet man unter www.bettundbike.de. Weitere Infos erhält man beim **ADFC Landesverband Mecklenburg-Vorpommern** (Hermannst. 36, 18055 Rostock, Tel. 03 81/37 70 69 76, www.adfc-mv.de).

SPORT & AKTIVITÄTEN

Das Outdoor-Programm für Aktivurlauber beschränkt sich auf Rügen keineswegs nur auf den Wassersport. Auch Wanderer, Jogger und Nordic Walker, Radler, Reiter und auch Golfer kommen voll auf ihre Kosten.

WASSERSPORT

Rügen bietet mehrere 100 km Küstenlinie mit breiten Sandstränden. Mit oder ohne Hüllen – Badekultur hat hier Tradition. Wer allein sein möchte, der sucht sich eine idyllische Badebucht oder wandert an schilfgesäumten Boddenküsten. Die Insel ist auch ein beliebtes Segel- und Surfrevier. Überblick über alle Häfen mit nautischen Angaben sowie Bootsverleihen u. v. a. m. zum Thema Wassersport › S. 32 sowie unter www.mv-maritim.de.

ANGELN

Rings um Rügen und in den Boddengewässern liegen fischreiche Angelgründe. Um auf Rügen angeln zu können, benötigen Sie einen Fischereischein und eine Angeler-laubnis (Ausgabestellen sind u. a. Angelbedarfsläden und Fremdenverkehrsbüros). Für Besucher gibt es den bis 28 Tage gültigen Touristen-Fischereischein. Auskünfte:

Landesamt für Fischerei MV
Aufsichtsstation Sassnitz ■ F3
• Hafenstr. 12 f | 18546 Sassnitz
Tel. 03 83 92/3 50 49
www.lallf.de

RADFAHREN/E-BIKING

Das Radwegenetz auf Rügen ist gut ausgebaut und rund 300 km lang. Organisierte Radtouren bietet:

Strelatourist ■ A7
• Lindenstr. 159 | 18435 Stralsund
Tel. 0 38 31/38 42 09
www.strelatourist.de

Rügen ist auch E-Bike-Land. Mit einem Netz von Ausleih- und Aufladestationen lässt sich die ganze Insel komfortabel und kaum anstrengend mit dem E-Bike erkunden. Inselweit umfassenden Service und Anlieferung von hochwertigen Markenbikes bietet der Fahrradverleih Rügen (Tel. 0 38 38/2 03 09 55, www.fahrradverleih-ruegen.de.)

REITEN

Inselweit bieten zahlreiche Reiterhöfe, Gutshäuser, Landhotels und Bauernhöfe sowie Reit- und Fahrvereine Urlaub zu Pferde an. Einen guten Überblick über das breite Angebot findet man online unter www.reiten-in-mv.de sowie www.ruegen.de/aktivitaeten.

GOLF

Auch auf Rügen ist es möglich, die kleinen weißen Bälle in die schöne Inselnatur zu schlagen. Gelegenheit dafür bietet z. B. das Golf-Centrum Schloss Karnitz. Dessen 18-Loch-Challenge-Course plus 9-Loch-Public-Course, landschaftlich reizvoll gelegen abseits vom Trubel der Seebäder, ist auf 6 km Länge eine Herausforderung für jeden Golfer.

Golf-Centrum Schloss Karnitz 📖 D6

• Am Golfplatz 2 | 18574 Garz-Karnitz
  Tel. 03 83 04/8 24 70
  www.inselgolf-ruegen.de

Rügen ist ein populäres Segelrevier

DER HERR DER ÖHE

Der Gastronom und Bio-Landwirt Matthias Schilling steht für Ökologie und Nachhaltigkeit

Es war einmal eine kleine Insel vor einer großen Insel. Auf ihr wohnten zwei Schwestern, Ida und Laurette. Sie konnten jedoch auf ihrer Insel keinen Frieden finden, weil es dem großen Nachbarn nicht gefiel.

Was wie ein Märchen klingt ist aber keines. Das Eiland ist die Öhe vor Rügens Westküste, die beiden wehrhaften Schwestern und ihr legendärer 30-jähriger Krieg mit dem gegenüberliegenden Ort Schaprode gingen in die Annalen Rügens ein. Den »wunderlichen Fräuleins« wurde das Seil ihrer lebenswichtigen Fähre gekappt, sie erhielten weder Post noch Waren. Die beiden wehrten sich aber robust, verboten jeden Zutritt und griffen notfalls auch zur Schrotflinte. Beleidigungen, Anzeigen und Prozesse wechselten sich ab, Polizei, Amtsvorsteher und Gerichtsvollzieher gaben sich auf der Öhe die Klinke in die Hand. Laurette musste widerholt ins Gefängnis.

Heute wohnt Matthias Schilling mit seiner Familie im alten Gutshaus auf der Öhe. Zusammen mit seiner Familie, 160 Limousin-Rindern, 60 Heidschnucken und einem Hund. Als er nach seinem Landwirtschaftsstudium in Berlin 2006 auf die Insel kam, hatte er mit viel Misstrauen und Ablehnung der Schaproder zu kämpfen. Er war der »neue Herr« der Öhe und kam dazu auch noch aus »dem Westen«. »Die ersten Jahre waren voller Hindernisse«, erzählt Matthias beim Wein. »Die Vorbehalte waren groß. Die Gemeinde erklärte unsere Fähre für nicht verkehrssicher und illegal, einmal wurden mir die Autoreifen zerstochen. Aber an Aufgeben habe ich nie gedacht!« Mit der Robustheit und Entschlossenheit seiner beiden Tanten und der Beharrlichkeit seiner Großmutter gesegnet, verfolgte er allen Widrigkeiten zum Trotz zielstrebig den Aufbau seiner Existenz.

Bereits als Student hatte er begonnen, auf seiner Insel eine Öko-Rinderherde aufzubauen. Es zeigte sich jedoch schnell, dass dies allein zum Leben nicht reichte. Also übernahm er das berüchtigte Schaproder Hafenlokal »Eierschänke«. Hier konnte er nun seine Rinder direkt vermarkten – die Öko-Öhe-Burger von »Schillings Gasthof« › S. 75 sind inselweit bekannt. Und im Hofladen nebenan gibt's das Öhe-Rind als Wurst in Dosen oder als Salami. »Schon aus Achtung vor der Kreatur wollen wir jedes Tier optimal verwerten«, betont er. Dass dies in höchster Qualität geschieht, garantieren sein Schlachter, der bekannte Feinkost-Metzger Marcus Bauermann von der »Rügener Landschlachterei« und sein Koch Christian Ring.

Doch Matthias setzt nicht nur in Sachen »kreative regionale Küche« neue kulinarische Standards für ganz Rügen, sondern auch mit dem Projekt »Hiddenseer Kutterfisch«. Gemeinsam mit den Fischern, die ihm täglich frischen Fisch liefern, baut er eine Direktvermarkungslinie auf. »Wir begannen mit dem kleinen Fischimbiss neben dem Gasthof. Der wurde sofort gut angenommen. Da lag es nahe, auch direkt auf Hiddensee aktiv zu werden«. In Kloster kann man nun in »Schillings Hafenamt« › S. 132 einkehren, im Hafen von Vitte lädt »Schillings Hafenkater« zur Pause und einige Schritte entfernt bieten die Fischer ihre Produkte im »Hiddenseer Kutterfisch – Konservenladen« feil. »Wir sind schon im KaDeWe in Berlin und im Katalog von Manufactum vertreten«, erzählt er stolz. »Mit jeder Kutterfisch-Konserve unterstützt der Käufer das Überleben der Hiddenseer Fischer«.

Der 37-jährige sprüht vor Tatendrang und Ideen. Er will andere Rinderzüchter auf Rügen von seinem Konzept überzeugen. Die Vorbehalte gegen den »Öko-Wessi« haben sich in Respekt und Anerkennung verwandelt. Viele Schaproder sind Stammgäste in Schillings Gasthof und haben ihn auch in die Gemeindevertretung gewählt.

Wie kam er denn nun dazu, das Abenteuer einzugehen, mit seiner Frau Berlin zu verlassen und sich auf der einsamen Öhe niederzulassen? »Mein Großvater war Landarzt, weshalb mein Vater in der DDR nicht studieren durfte. So floh er mit dem Paddelboot in den Westen. Die 75 Hektar kleine Öhe blieb in Familienbesitz, weil erst Betriebe ab 100 Hektar enteignet wurde. Allerdings wurde der Besitz im Jahr 1956 zwangskollektiviert und der LPG Granskevitz zugeteilt. Die Insel und der Hof verwahrlosten, aber meine Großmutter hielt bis zu ihrem Tod 1996 tapfer die Stellung«. Und ergänzt: »Immerhin ist die Öhe seit 700 Jahren in Familienbesitz. Das verpflichtet auch.«

Dass Matthias und Nicolle Schilling die Familientradition fortsetzen wollen, unterstreicht auch der Name ihrer Tochter: Ida Schilling.

- **Schillings Gasthof** 📖 B4
  Hafenweg 45 | 18569 Schaprode
  Tel. 03 83 09/12 16 | www.insel-oehe.de
  www.schillings-gasthof.de

UNTERKUNFT

Auf Rügen floriert der Tourismus, entsprechend breit gefächert sind die Unterkunftsmöglichkeiten vom Campingplatz bis zum Luxushotel. Und auch Gäste mit Hang zum Besonderen werden fündig, z. B. in umgebauten Bauernhof oder historischen Herrenhaus, im Leuchtturm oder Hausboot.

Ein aktuelles Gastgeberverzeichnis stellt die **Tourismuszentrale Rügen** (TZR) auf ihrer Website bereit und hilft auch telefonisch oder online bei der Unterkunftssuche weiter (Tel. 0 38 38/80 77 80, www.ruegen.de). Vermittlung von Insel-Unterkünften bietet auch die **Zimmervermittlung Rügen** (Tel. 0 38 30 70/2 54 55, www.zimmervermittlung-insel-ruegen.de). Auf Ferienhäuser und -wohnungen spezialisiert ist die **Rügener Zimmervermittlung** (Tel. 03 83 92/63 24 64, www.ruegener-zimmervermittlung.de).

HOTELS & PENSIONEN
Heute sind quasi alle bestehenden Hotel- und Pensionsbetriebe reno- viert und meist mit gehobenem Standard ausgestattet. Trotz einer Gesamtzahl von rund 60 000 Betten

Schwimmendes Ferienhaus im Jachthafen von Lauterbach

ist es in der Hochsaison zu empfehlen, rechtzeitig zu reservieren, da Unterkünfte v. a. der mittleren und unteren Preiskategorie oft schnell ausgebucht sind.

FERIENHÄUSER & PRIVATZIMMER

Ein Ferienhaus zu mieten ist v. a. für Familien oft die sinnvollste und preisgünstigste Lösung. Bei Bungalows sollte man sich vorab über die Lage, Wohnfläche und Ausstattung genau informieren – hier gibt es große Unterschiede. Privatvermieter sind auf Rügen zahlreich, bei der Vermittlung helfen die TZR oder spezialisierte Zimmervermittlungen > S. 30. Etwas Besonderes sind die Schwimmenden Ferienhäuser im Jachthafen von Lauterbach (Tel. 03 83 01/80 90, www.im-jaich.de).

CAMPING & CARAVANING

Wildes Zelten ist auf Rügen und Hiddensee verboten. Auf Hiddensee gibt es keine Campingmöglichkeit, auf Rügen dagegen 22 Plätze. Eine Auflistung mit den wesentlichen Informationen und Adressen zu Camping- und Wohnmobilstellplätzen findet man auf der Website der TZR unter: www.ruegen.de/ueber-ruegen/camping-caravaning; weitere Infos: www.bvcd-mv.de.

JUGENDHERBERGEN

Auf Rügen gibt es drei Jugendherbergen des Deutschen Jugendherbergswerkes, in Binz, Prora und Sellin; in Stralsund steht eine zur Verfügung. Details zu den DJH-Häusern und Buchungsmöglichkeit: www.jugendherbergen-mv.de.

DIE ELEGANTESTEN HOTELS

- Fürst Wilhelm Malte zu Putbus ließ das repräsentative **Badehaus Goor** im 19. Jh. im Grünen bei Lauterbach errichten. Heute empfängt es als renoviertes und erweitertes Hotel seine Gäste in stilvollem Ambiente. > S. 65

- Das **Schlosshotel Ralswiek** ist ein elegant restauriertes Neorenaissanceschloss am Großen Jasmunder Bodden oberhalb der Störtebeker-Festspielbühne. Exzellente Küche und ein großer Wellnessbereich sind die i-Tüpfelchen. > S. 71

- Das traditionsreiche Luxushotel **Kurhaus Binz** im Ostseebad Binz verströmt noch den Charme der Belle Époque. In der ersten Reihe an der Seebrücke zu logieren ist ein besonderer Genuss. > S. 82

- Den allerschönsten Ausblick und den allerromantischsten Sonnenuntergang Rügens, inklusive Gaumenfreuden für Feinschmecker, bietet das **Panorama-Hotel Lohme**. > S. 108

- Einfach nur schön ist **Schloss Ranzow** (€€–€€€) ▮ F2. Bei Lohme findet man pure Romantik im Ambiente eines kleinen Bilderbuch-Barockschlosses in erlesener Alleinlage mit großartiger Aussicht. Zudem genießt man eine ausgezeichnete Küche und einen gepflegten Wellnessbereich (Schlossallee 1, 18551 Lohme, Tel. 03 83 02/8 89 10, www.schloss-ranzow.de).

WELLENRITT & STRANDSPASS

Rügen zählt zu Deutschlands beliebtesten Surf- und Kite-Spots

KITEN, SEGELN, SURFEN, WELLENREITEN

An Rügens Küsten findet sich eine Vielzahl guter und sehr guter Surf- und Kitespots (Reviere unter www.spotnetz.de/Rügen). Die Boddengewässer mit kilometerlangen Stehbereichen eignen sich perfekt für Anfänger. Die besten Surfreviere liegen auf der Ostseite des Mönchguts zwischen Lobbe und Thiessow sowie zwischen Thiessower Haken und Klein Zicker. Einen guten Ruf unter Surfern genießt auch die Prorer Wiek. Die Ostsee bringt von Mai bis September Wellenreiter in Stimmung.

Boardverleih, Surf- und Segelschulen gibt es in Häfen, auf Campingplätzen und in den Badeorten. Die **Surfoase Mönchgut** in Klein Zicker und das **Surf- und Kite-**Camp in Wiek verfügen über Standplätze für Campingmobile direkt am Strand; auch dort kann man Equipment bekommen. Dem kräftigen Westwind hat es Dranske zu verdanken, dass es zunehmend zum Kiter- und Surferdorf Rügens wird. Seit den Windsurf-Weltmeisterschaften 2003 ist Dranske Austragungsort von Wettkämpfen und Meisterschaften. So dreht sich auch beim hier seit über 20 Jahren etablierten **Uni Surf Team (Rügen Piraten)** alles um den Wassersport: Windsurf-, Kite- und Segelschule, Ausrüstungsvermietung, Surferhostel und Surferbar an der Uferpromenade etc.

- **Surfoase Mönchgut** ▮ G7
  Zwischen Thiessow und Klein Zicker.
  Dörpstrat 2 | 18586 Klein Zicker
  Tel. 03 83 08/3 01 25
  www.thiewaii.de

- Surf- und Kite-Camp 🔳 C2
  Boddenstr. 1 | 18556 Wiek
  Tel. 01 73/8 18 48 08
  www.surf-kite-camp.de
- Uni Surf Team / Rügen Piraten 🔳 B2
  Am Ufer 14 | 18556 Dranske
  Tel. 03 83 91/8 98 98 | www.ustruegen.de
  www.ruegen-piraten.de

KANU, KAJAK, SUP

Eine gemächliche Alternative bei Schwachwind in Küstennähe und in den Boddengewässern sind Touren mit Kanu und Kajak, angeboten u. a. von **Seekajakreisen** und **Rügen Piraten** > oben. Ein jüngerer Trend ist Stand Up Paddling (SUP) – stehend paddeln auf einem Board, ebenfalls auszuprobieren bei Rügen Piraten.

- Wasser & Wind Kajaksport 🔳 B6
  Bietet Kajaks, Einweisung, Training, Ausrüstung, Tourenvorbereitung etc.
  Scharpitz 6A | 18573 Altefähr
  Tel. 038306 75121 | www.wasser-wind.de

TAUCHEN

- Tauchbasis Frank 🔳 F5
  Wracktauchen, Landtauchgänge in der Ostsee, Tauchausrüstung, Tauchen mit erfahrenen Guides vor Rügen.
  Proraer Chaussee 50 | 18609 Binz-Prora
  Tel. 03 83 93/24 06
  www.tauchen-ruegen.de

STRANDHASEN, SANDBURGEN UND SONNENANBETER

»Der« Badestrand der Insel ist die **Schmale Heide** > S. 83 zwischen Binz und Mukran. **Großer Strand** > S. 97 – nomen est omen – heißt das beliebte Badeparadies zwischen Lobbe und Thiessow. Rauer und wilder ist der Supersandstrand entlang der **Schaabe** > S. 116 zwischen Wittow und Jasmund. Und fast die ganze Außenküste **Hiddensees** > S. 128 ist ein einziger Sandstrand – ideal auch für Kinder, da hier das Ostseeufer ganz sanft abfällt. Weiteres zu den schönsten Stränden > S. 85.

EINE SEEFAHRT, DIE IST LUSTIG ...

Zu einem gelungenen Inselurlaub gehört auch wenigstens eine Schifffahrt. Gelegenheiten dazu bietet Rügen reichlich. Besonders schön sind die Exkursionen vom Hafen Sassnitz zu den Kreidefelsen am Königsstuhl. Nicht weniger eindrucksvoll ist ein Tagesausflug ab Breege zum Inselidyll Hiddensee. Man kann aber auch zum großen Sprung ansetzen und mit dem Ausflugsdampfer zur Nachbarinsel Usedom fahren oder zur winzigen Greifswalder Oie im Greifswalder Bodden.

- Seetouristik Brauns 🔳 F3
  Ganzjährig eineinhalb- bis zweistündige Touren zu den Kreidefelsen.
  Karlstr. 1 | 18546 Sassnitz
  Tel. 03 83 92/3 52 25
  www.ms-alexander.de
- Reederei Kipp 🔳 D2
  Von Breege und Ralswiek Tagesausflüge nach Hiddensee.
  Dorfstr. 101 | 18556 Breege
  Tel. 03 83 91/1 23 06
  www.reederei-kipp.de
- Boddenreederei Rügen 🔳 G7
  Von Gager Touren nach Usedom/Peenemünde (auch mit Fahrrad) und zur Greifswalder Oie.
  Zum Höft 10 | 18586 Gager
  Tel. 03 83 08/83 89
  www.boddenreederei-ruegen.de

Mönchguter Fischer im
Hafen von Gager

LAND & LEUTE

STECKBRIEF

- **Inselfläche:** 974 km²
- **Länge der Küstenlinie:** ca. 574 km, davon 63 km Badestrände
- **Höchster Punkt:** Piekberg (161 m)
- **Entfernungen:** Nord–Süd 51,4 km (Gellort/Kap Arkona bis Palmer Ort/Zudar); Ost–West 42,8 km (Nordperd/Göhren bis Gelbes Ufer/Altefähr).
- **Bevölkerung:** Rügen 70 000 Einw., Hiddensee 1300 Einw.
- **Verwaltung:** Seit der Kreisgebietsreform 2011 gehört Rügen zum Landkreis Vorpommern-Rügen.
- **Kreisstadt:** Hansestadt Stralsund (59 000 Einw.)

- **Städte:** Bergen (13 500 Einw.), Sassnitz (9500 Einw.), Putbus (4300 Einw.), Garz (2200 Einw.)

LAGE

Rügen liegt zwischen 54°10‘ und 54°37‘ nördlicher Breite und 13°03‘ und 13°45‘ östlicher Länge. Die Ostseeinsel ist mit dem Festland durch den Rügendamm (1936) und die Rügenbrücke (2007) bei Stralsund verbunden. Vom Hafen Sassnitz-Neu Mukran legen die Fähren der Königslinie Deutschland – Schweden nach Trelleborg ab. Kap Arkona ist der nördlichste Punkt von Mecklenburg-Vorpommern.

POLITIK UND VERWALTUNG

Mit der Verkündigung des neuen Kreisstrukturgesetzes von Mecklenburg-Vorpommern am 28. Juli 2010 wurden die bislang 12 Kreise des Landes und 6 kreisfreien Städte 2011 zu nur noch 6 Landkreisen und 2 kreisfreien Städten (Rostock und Schwerin) zusammengefasst.

Der bisherige Kreis Rügen wurde in den Landkreis Vorpommern-Rügen eingegliedert. Sitz des Kreises ist die bisher kreisfreie Stadt Stralsund. Die Insel ist administrativ gegliedert in 3 amtsfreie Gemeinden (Sassnitz, Binz, Putbus) und 4 Ämter mit insgesamt 38 Gemeinden.

WIRTSCHAFT

Bis zur Wiedervereinigung waren Fischerei und Landwirtschaft neben dem Fremdenverkehr die ökonomischen Säulen der Insel. Die Auflösung der genossenschaftlich organisierten Betriebe bot zwar Chancen zum ökologischen und ökonomischen Neubeginn, doch gingen viele Arbeitsplätze verloren. Die Wende überlebt haben das Schlämmkreidewerk Klementelvitz, heute »Kreidewerk Rügen GmbH«, und das Sassnitzer Fischkombinat, das nun unter dem Label »Rügenfisch« die Supermärkte der Republik beliefert.

Nach 1989 stieg die Arbeitslosenquote auf Rügen auf mehr als 40 %, heute beträgt sie um 9,5 %. Lange Zeit verzögerten ungeklärte Besitzverhältnisse den Wandel. Allein der Putbus-Erbe Franz zu Putbus hatte die Rückgabe etwa eines Sechstels der Inselfläche gefordert. Erst 1997 wiesen die Gerichte den fürstlichen Restitutionsanspruch endgültig ab und schufen damit Planungssicherheit für die weitere Entwicklung der Insel. Eine Branche mit Zuwachsraten ist der Tourismus. Etwa 40 % der Erwerbstätigen haben hier ihr Auskommen gefunden.

DIE MENSCHEN

Wer auf Rügen wohnt, ist ein Ruganer bzw. Rüganer. › mehr S. 19 Punkt 50 Vom Germanenstamm der Rugier leitet sich Rügens Name ab. Diese frühen Bewohner verließen die Insel im Zuge der Völkerwanderung bis 600 n.Chr. Slawische Ranen folgten ihnen. Auch sie starben nach der Niederlage gegen die Dänen bis 1400 aus. An ihre Kultur erinnern in der Region noch Orts- und Flurnamen mit slawischen Endungen (»-itz«, »-ow«, »-in«).

Trotz der Oberherrschaft der Schweden bis ins 19. Jh. setzten sich nun deutsche Siedler durch. Um 1750 lebten ca. 20 000 Menschen hier, 1942 doppelt so viele. Die Flüchtlingsströme nach dem Zweiten Weltkrieg ließen die Einwohnerzahl auf über 100 000 steigen. 1950 waren fast ein Drittel der Insulaner Zugezogene.

Seit 1989 sank die Einwohnerzahl von 89 000 auf unter 70 000. Und immer noch kehren viele junge Leute Rügen den Rücken.

SPRACHE

Etwa jeder dritte Inselbewohner beherrscht noch Plattdeutsch. Die Mundart entwickelte sich in Norddeutschland aus dem Altsächsischen, sie hat gemeinsame Wurzeln mit dem Altenglischen und Friesischen. Allein auf Rügen existieren fünf Dialekte. Für Freunde des Plattdeutschen: Das Theater Putbus › S. 63 führt manchmal Stücke in niederdeutscher Mundart auf.

Am meisten auf Tradition halten die Menschen im Mönchgut, die lange durch eine Landesgrenze vom Rest der Insel getrennt waren. Bekannt ist die Trachtengruppe aus Reddevitz, die sich der Pflege alter Volkstänze widmet. Origineller Teil der Männertracht ist eine weit geschnittene weiße Hose. Ein populärer Tanz heißt daher »Schüddel de Büx« (Schüttel die Hose).

Traditionelle Fischerei auf Hiddensee

GESCHICHTE IM ÜBERBLICK

Um 3000 v. Chr. Jungsteinzeitliche Jäger und Sammler bevölkern die Insel. Die in großen Mengen vorhandenen Feuersteine sind ein begehrtes Handelsgut. Bei Lietzow dokumentiert eine größere Siedlung (»Lietzow-Kultur«) den Übergang vom Nomadendasein zum sesshaften Ackerbauertum. In der Folgezeit entstehen Großsteingräber wie bei Lancken-Granitz oder bei Middelhagen.

1800–600 v. Chr. Bronzezeit: Die Toten werden verbrannt, statt der Großsteingräber werden nun Grabhügel angelegt (Dobberworth bei Sagard, »Woorker Berge« bei Woorke).

600 v. Chr.–600 n. Chr. Ostgermanische Rugier leben auf der Insel. Die Bezeichnung »Rügen« geht auf diese Volksgruppe zurück.

1168 Die Dänen erobern die Jaromarsburg auf Kap Arkona und zerstören das zentrale Svantevit-Heiligtum. Ranenfürst Jaromar I. unterwirft sich daraufhin und wird dänischer Lehnsträger. Beginn der Christianisierung.

1185 Beginn der Bauarbeiten an der Bergener Marienkirche, dem ältesten erhaltenen Gebäude der Insel.

1304 Eine gewaltige Sturmflut verbreitet den vorher nur schmalen Strelasund beträchtlich.

1325 Mit Witzlaw III. stirbt das slawische Fürstengeschlecht aus, die pommerschen Herzöge übernehmen Rügen als Lehen.

Um 1400 Auf Rügen wird kein Slawisch mehr gesprochen.

1534 Per Landtagsbeschluss wird Pommern und damit Rügen protestantisch. Die Klöster Bergen und Hiddensee werden säkularisiert.

1618–1648 Dreißigjähriger Krieg.

1621 Stadtbrand in Bergen.

1629 wütet die Pest in der Region.

1627–1631 besetzen abwechselnd die Truppen Wallensteins, Dänemarks und Schwedens die Insel. Wallenstein lässt Rügens und Hiddensees Waldbestände fast restlos abholzen.

1637 stirbt das pommersche Herrscherhaus aus. Im Westfälischen Frieden werden Rügen, Hiddensee und Westpommern schwedisch.

17.–18. Jh. Aufgrund hoher Abgaben geraten viele Bauern in die wirtschaftliche Abhängigkeit der Gutsherren (»Bauernlegen«). Zeitweise leben zwei Drittel der Bevölkerung als Leibeigene.

1769 Ernst Moritz Arndt wird am 26. Dez. in Groß Schoritz geboren.

1806 Am 4. Juli hebt König Gustav Adolf IV. per Dekret die Leibeigenschaft in Schwedisch-Pommern – und damit auch auf Rügen – auf.

1807 Wilhelm Malte I. wird zum Fürsten erhoben.

1810 Wilhelm Malte I. von Putbus gründet Putbus.

1814 Im Frieden von Kiel tritt Schweden Vorpommern und Rügen an Dänemark ab.

1815 Wiener Kongress: Rügen und Hiddensee kommen zu Preußen.

Das mondäne Seebade Binz um 1900

1872 Nach einer Sturmflut finden Fischer bei Neuendorf den »Hiddenseer Goldschatz« › S. 135.

1936 Der Rügendamm zum Festland ist fertig gestellt.

1945 Der einzige große Luftangriff auf Rügen im Zweiten Weltkrieg, der dem Hafen von Sassnitz gilt, erfolgt im März. Mehr als 800 Menschen sterben.

1952 Auflösung der Länder in der DDR. Der Kreis Rügen gehört nun zum Bezirk Rostock.

1953 »Aktion Rose«: Die Mehrheit der Hotel- und Pensionseigentümer wird enteignet, ihr Besitz wird überwiegend Gewerkschaften und Betrieben übergeben.

1959 Die Insel Vilm wird für die Öffentlichkeit gesperrt, Gästehäuser für den Ministerrat der DDR werden errichtet.

1990 Freie Wahlen am 18. März, am 3. Oktober findet die Wiedervereinigung Deutschlands statt.

1991 Südost-Rügen wird UNESCO-Biosphärenreservat.

1998 Verlegung des internationalen Fährhafens (Königslinie) von Sassnitz nach Neu Mukran.

2005 Drei große Kreidefelsen-Abbrüche im Februar und März; beim ersten wird eine Touristin begraben, dem zweiten fallen die Wissower Klinken zum Opfer.

2007 Eröffnung der 3 km langen Rügenbrücke, die parallel zum Rügendamm verläuft.

2008 Das spektakuläre Ozeaneum in Stralsund wird eröffnet.

2018 1,36 Mio. Gäste besuchen die Inseln Rügen und Hiddensee. Der Zuwachs fällt bei den Übernachtungen mit rund 1 % allerdings geringer aus als in Mecklenburg-Vorpommern insgesamt, mit fast 4 % gegenüber 2017.

2019 Im Jan. legt ein Wintersturm am Strand bei Glowe das Wrack eines 200 Jahre alten Handelsschiffes frei. Der letzte unsanierte Block von Prora wird an einen Investor verkauft, der 60 Mio. € für den Ausbau von Wohnungen plant.

NATUR & UMWELT

ARCHIPEL DER VIELFALT

Wo immer man sich auf Rügen aufhält – das nächste Naturschutzgebiet liegt nicht weit. Im Nordosten bildet die Stubnitz den Nationalpark Jasmund. Ein beträchtlicher Abschnitt der Westküste samt Bodden sowie große Teile der Inseln Hiddensee und Ummanz gehören zum Nationalpark Vorpommersche Boddenlandschaft. Der Südosten Rügens bildet das gleichnamige UNESCO-Biosphärenreservat › S. 86.

Vielfältig wie die Landschaft ist auch die Pflanzen- und Tierwelt. An den trockenen Kreideschutthängen der Stubnitz wachsen 23 Orchideenarten. Besonders schön: der leuchtend gelbe Frauenschuh, zu sehen in den Buschgebieten an der Jasmunder Kreideküste, Blütezeit im Juni. Der Riesenschachtelhalm erreicht auf Jasmund Höhen von zwei Metern. Die wildblumenreichen Trockenrasen in den Zickerschen Bergen sind ebenso schützenswerte Biotope wie die Salzwiesen Südrügens.

In der Vogelwelt ist der unbestrittene König der Lüfte ist der Seeadler. Das stattliche Tier mit einer Spannweite von bis zu 2,5 m bekommt man jedoch nur selten zu Gesicht, ebenso den etwas kleineren Fischadler. Ganz anders dagegen die Kraniche, die sich rings um die flunderflache Insel Ummanz im Frühjahr und Herbst in gewaltigen Schwärmen auf ihrem Zug von oder nach Süden niederlassen. Beim Zudar im Naturschutzgebiet Tollow und auf der Halbinsel Pulitz im Kleinen Jasmunder Bodden haben sich zwei große Kormorankolonien niedergelassen.

An Reptilien sind im Bereich der Schaabe zwischen Glowe und Breege und in der Dünenheide auf Hiddensee sind auch Kreuzottern und Schlingnattern anzutreffen. › mehr S. 19 Punkt ㊽

💬 DAS GOLD DER OSTSEE

Beim Strandspaziergang lohnt sich die Ausschau nach Bernstein. Am ehesten wird man nach Stürmen fündig. Bernstein schwimmt im Wasser, lädt sich durch Reibung an Kleidung elektrostatisch auf und zieht dann Papierschnipsel an.

Rügens Bernsteinrevier ist die Mönchguter Außenküste zwischen Lobbe und Thiessow, zwischen Baabe und Göhren sowie zwischen Binz und Mukran. Auf Hiddensee ist die Suche an der Außenküste in Höhe Vitte vielversprechend. Einen Überblick über das »Gold der Ostsee« gibt das kleine Bernsteinmuseum in Sellin › S. 89. Achtung: Bernstein kann mit angespültem Phosphor aus Bomben des Zweiten Weltkriegs verwechselt werden, das sich getrocknet entzünden kann. Warnschilder beachten!

LANDSCHAFT IM WANDEL

Rügens zerklüftete Gestalt verbindet Steilufer, Wälder, Sümpfe, aufragende Hügel und flache Salzwiesen zu einem grandiosen Landschaftsensemble. Große Teile der Insel standen schon seit den 1930er-Jahren unter Schutz und sind jetzt National-, Naturpark oder Biosphärenreservat. Die Gletscherschmelzen hinterließen beachtliche Findlinge, der Buskam vor Göhren ist mit 600 m³ das größte Exemplar. Gletscherzungen wölbten im Nordosten Endmoränen auf und schufen Bodden. Im Südwesten tauten die Gletscher ruhend und bildeten flachwellige Landschaften.

Wind und Wellen tragen das Ihrige bei, die Küstenlinie fortlaufend zu verändern. Alljährliche Sturmhochwasser nagen an den Steilküsten Wittows, Jasmunds und der Granitz. Am Kap Arkona wurde der größte Teil der Tempelburg längst ein Opfer der See, ebenso die Hauptzinnen der Wissower Klinken im Nationalpark Jasmund. An anderen Stellen bildet sich durch die Anschwemmungen Neuland, das wieder neue Verbindungen schafft. Zwischen Wittow und Jasmund etwa entstand binnen 2000 Jahren die Schaabe. Allein regelmäßige Baggerarbeiten verhindern, dass der sandige Bug am Nordwestzipfel Wittows gen Hiddensee wächst und aus dem »söten Länneken« ein weiteres Anhängsel der östlichen Schwester macht.

KUNST & KULTUR

ARCHITEKTUR

Großsteingräber, 4000 bis 5000 Jahre alt, sind die ältesten Architekturdenkmale auf Rügen. Mit welcher Technik die Menschen die gewaltigen Steine bewegten und aufstellten, ist unbekannt. Angesichts der mächtigen Felsbauten (Lancken-Granitz, Herzogsgrab bei Göhren) wird deutlich, dass es sich um sorgfältig geplante Konstruktionen und nicht um willkürlich aufgeschüttete Gesteinshaufen handelt.

Von den slawischen Burgen blieben lediglich Erdwälle erhalten. Gut zugänglich sind die Reste am Kap Arkona, in Garz und auf dem Bergener Rugard. Keine Spuren verweisen dagegen auf Rügens erste Kirchenbauten aus dem 12. Jh. – sie waren aus Holz. Für die im 13./14. Jh. errichteten spätromanischen und gotischen Kirchen verwendete man Backstein. Beispiele sind in Bergen, Altenkirchen, Garz oder Gingst zu sehen. Einzig die Dorfkirche in Bobbin wurde aus Feldsteinen gebaut.

Rügens zahlreiche Gutshäuser, zu DDR-Zeiten oft völlig verwahrlost, sind zwischenzeitlich meist aufwendig zu eleganten Landhotels restauriert, wie das imposante Renaissanceschloss Spyker, das feudale Neorenaissanceschloss Ralswiek und das Gutshaus Bohlendorf auf Wittow. Auch das viel besuchte Jagdschloss Granitz erstrahlt in neuem Glanz.

Caspar David Friedrichs berühmtes Gemälde »Kreidefelsen auf Rügen«

Rügens Seebäder beherrschen ornamentreiche Fassaden mit verzierten Balkonen. Das Stilgemisch der Gründerzeit (1890–1910) aus griechisch-römisch-mediterranen Architekturelementen mit teutonischem Einschlag war so typisch, dass sich hierfür der Begriff »Bäderarchitektur« etablierte.

Traditionsreiche Inselwohnstätten sind Fachwerkhäuser mit Reetdächern. Heimische Schilfrohrbestände (bis zu 4 m hoch) liefern das Deckmaterial. Eine Schicht von 30 cm Stärke ist etwa 50 Jahre lang haltbar. Zu DDR-Zeiten war Schilfrohr leichter erhältlich als Dachziegel. So kam es, dass viele Ruganer dem althergebrachten Verfahren treu blieben.

MALEREI

Caspar David Friedrichs (1774–1840) Gemälde mit den Kreidefelsen prägen das Erscheinungsbild der Insel bis heute. Rügens grandiose Naturschönheit zog auch andere Künstler in ihren Bann. Vor dem bekannten Romantiker malte **Jacob Philipp Hackert** (1737–1807) Rügener Landschaften, als er 1762–1765 auf Gut Boldevitz wohnte. Künstlerischer Inselverehrer war auch der Greifswalder **Johann Gottfried Quistorp** (1755–1835), der Zeichenlehrer Caspar David Friedrichs. Friedrich seinerseits begeisterte den Dresdner Freund **Carl Gustav Carus** (1789–1869) für gemeinsame Arbeitsreisen auf der Insel. Zu den zahlreichen Malern, die eher zur Erholung und Inspiration nach Rügen reisten gehörten Adolph Menzel (1815–1905) und Lyonel Feininger (1871–1956). Beide weilten im Ostseebad Göhren.

Die Werke von Künstlern, die gestern und heute auf Rügen wirk(t)en, sind in diversen Inselgalerien zu sehen: **Galerie Jahreszeiten** (Margaretenstr. 20, 18609 Binz, Tel. 03 83 93/43 63 12, www.galerie-jahreszeiten.de), **Galerie Hedins Oe** (Mühlberg 43, 18565 Kloster, Tel. 03 83 00/2 73, www.hedinsoe.de), **Walentowski Galerien,** Hauptstr. 10, 18609 Binz, Tel. 03 83 93/1 30 30, www.walentowski-galerien.de, **Kunstraum Wasserwerk** (Hauptstr. 110, 18551 Glowe, Tel. 03 83 02/71 98 44, www.kunstraum-wasserwerk.de), **Orangerie Putbus** (Alleestr. 35, 18581 Putbus, Tel. 03 83 01/88 97 97, www.kulturstiftung-ruegen.de), **Galerie Hartwich** (Schulstr. 5, 18586 Sellin, Tel. 01 47/9 47 54 24, www.galerie-hartwich.de).

LITERATUR

Rügens Literaturgeschichte beginnt mit dem letzten slawischen Inselfürsten: **Witzlaw III.** (1268–1325) war der einzige bekannte Minnesänger aus Norddeutschland. Seine Lieder schrieb er in einem niederdeutsch eingefärbten Mittelhochdeutsch.

Bis zum 18. Jh. blieb sein Werk das einzige überlieferte literarische Zeugnis schöngeistiger Art. Lyrische Betrachtungen sind erst wieder von **Gotthard Ludwig Theobul Kosegarten** (1758–1818) › S. 119 überliefert. Der Altenkirchener Pfarrer stand in Verbindung mit den zeitgenössischen Geistesgrößen, u. a. mit Goethe, Schiller und Herder. Im »Musenalmanach auf das Jahr 1797« veröffentlichte Schiller Kosegartens Ode »Arkona«.

Ein prominenter Gast des Pfarrers Kosegarten sorgte dafür, dass eine der alten Sagen heute zu den bekanntesten deutschen Märchen zählt. Über den bedeutenden Maler der Frühromantik, **Philipp Otto Runge** (1777–1810), gelangte sein plattdeutsches Märchen »Vom Fischer un syn Fru« zu den Brüdern Grimm, die sie 1812 in ihre Sammlung »Kinder- und Hausmärchen« aufnahmen.

Ernst Moritz Arndt (1769–1860) › S. 60 hat sich zwar vor allem als politischer Publizist einen Namen gemacht, bewies aber auch poetisches Talent: Er veröffentlichte das zweibändige Werk »Märchen und Jugenderinnerungen« mit bis dahin nur mündlich überlieferten Rügener Legenden.

💬 MÄRCHENHAFTES RÜGEN

In Rügener Legenden mischen sich reizvoll historische Ereignisse und Naturschönheiten: Der **Herthasee** im Nationalpark Jasmund ist mehr als ein dunkler Waldsee, denn nach Erntedank nahm die Göttin Hertha hier ein Bad. Danach wurden alle Diener, die der entblößten Erdmutter dabei halfen, an Ort und Stelle ertränkt. Auf dem **Waschstein,** dem großen Findling unterhalb des Königsstuhls, wäscht alle sieben Jahre am 24. Juni eine schöne Jungfrau ihre Kleider. Klaus Störtebeker sperrte sie einst in eine Höhle im Kreidefelsen, wo er sie verschmachten ließ. Und Rügens größter Findling, der **Buskam** vor Göhren, ist nicht einfach ins Wasser gerutscht. Als die ersten Kirchen entstanden, schleuderte ein heidnischer Riese den Brocken in Richtung eines Gotteshauses. Er verfehlte sein Ziel, doch seine Fingerabdrücke sind noch zu sehen. Diese und viele andere Geschichten erschließen die fantastische Dimension der Insel.

Buchtipp: Einen Einblick in die Kultur der Ruganer, in ihre Glaubenswelt und Riten sowie in ihr Brauchtum gibt Ingrid Schmidt, Ethnographin und frühere Leiterin des Stadtmuseums Bergen auf Rügen, in ihrem Buch »Götter, Mythen und Bräuche von der Insel Rügen« (Hinstorff-Verlag, Rostock 2016, 152 Seiten, 12,99 €).

Das Mönchguter Keramikhaus in Middelhagen ist eine gute Adresse für Kunsthandwerk

KUNSTHANDWERK

Das Ende der DDR brachte für viele Inselbewohner den Verlust von Arbeitsplätzen mit sich. Auf der Suche nach wirtschaftlichen Alternativen erinnerten sich manche an die Möglichkeiten, die das traditionelle Kunsthandwerk bietet. Der Wunsch nach kreativer, selbstständiger Arbeit führte zur Eröffnung zahlreicher Werkstätten. Solche Neugründungen erforderten im Vergleich zur Einrichtung von Restaurants und Hotels einen relativ geringen Kapitaleinsatz. Inzwischen hat der Trend neben den klassischen Touristenzentren auch kleine, abgelegene Gemeinden erfasst.

Die Angebotspalette umfasst Bernsteinschmuck, Töpferware, Fayencen und Blaudrucke. Bernstein wird in den hiesigen Betrieben handgeschliffen und zu reizvollen Schmuckstücken verarbeitet. Die Geschichte der Rügenkeramik lässt sich bis in die Jungsteinzeit zurück verfolgen. Die meisten Motive entstammen seit jeher der Natur. Vor allem fischschuppenförmige Ornamente gelten als typisches Motiv des dekorativen Geschirrs. Anders als die bodenständige Töpferware sind Fayencen Luxuserzeugnisse. Es handelt sich um Keramiken aus Ton, der mit einer weißen Zinnglasur abgedeckt wird. In diese noch ungebrannte Glasur werden Schmuckmotive oder szenische Darstellungen gemalt. Nachdem sie Jahrzehnte auf Rügen nicht mehr praktiziert worden war, erlebte die Blaudruckerei eine Renaissance.

Manche Kunsthandwerker präsentieren in ihren Galerien auch Arbeiten einheimischer Maler und Bildhauer. Fast alle Läden zeichnen sich durch den persönlichen Stil und das lebhafte Engagement ihrer Betreiber aus. Auch für ein Schwätzchen mit dem Kunden über Inselkunst und Handwerkstraditionen nimmt man sich Zeit. So ist der Besuch auch für den genussvollen Stöberer und Kunstliebhaber ein schönes Erlebnis.

FESTE & VERANSTALTUNGEN

Rügen bietet rund ums Jahr ein buntes Programm, von historischen Spektakeln über Musikfestivals, Hafen- und Seebrückenfeste oder kulinarische Wochen bis hin zu Sportveranstaltungen zu Wasser und zu Land (Veranstaltungskalender: www.ruegen.de/erlebnisse/veranstaltungen.html).

VERANSTALTUNGSKALENDER

Januar: Eisbaden am Binzer Strand.

März/April: Beim **Ummanzer Ostermarkt** am Ostersonntag wird viel für Kinder geboten (u. a. Reiten, Traktorfahren), es gibt ein Osterfeuer und abends wird in der Pfarrscheune getanzt. Beim Ostereiersuchen am Karfreitag mit dem »Rasenden Roland« findet bei Tempo 30 jeder mal ein Ei.

Mai/Juni: Putbus-Festspiele: Hochkarätige Konzerte und Opernaufführungen (www. putbus-festspiele.com). »Der Hornfisch ist da« – an verschiedenen Orten zaubern Rügener Köche Fischspezialitäten. **Rügener Wanderwoche:** Geführten Touren sowie Wandermarathon (www.wanderfreunde-ruegen.de). **Regatta Rund um Vilm** von Putbus nach Lauterbach. Binzer Blues- und Swingfestival **Blue Wave** (www.bluewave. de). **Mitsommernachtsfest** in Baabe.

Juli: Selliner Seebrückenfest mit Musik und Feuerwerk. **Folk- und Country-Festival** im Göhrener Kurpark. **Sundschwimmen** von Altefähr nach Stralsund (1. Wochenende). **Stralsunder Wallensteintage:** Volksfest zum Gedenken an die erfolgreich abgewehrte Belagerung durch Wallensteins Truppen (www.wallensteintage.de).

Juli/August: Kultursommer am Kap Arkona mit leichter Muse und Livemusik (www.kap-kultur.de).

August: Baaber Bollwerkfest mit Badewannen-Regatta. **Göhrener Seebrückenfest** mit buntem Programm. **Reiterfest** mit Tonnenabschlagen auf Ummanz.

September: Rügener Kabarett-Regatta im Theater Putbus mit Nachwuchskünstlern (www.kabarett-regatta.de).

Oktober: Volkslauf **Ummanzer Kranichlauf** (1. So). Wittower **Kohlmarkt** in Bergen mit Spiel und Unterhaltung. Fahrrad-Sternfahrt **Tour d'Allée** durch Rügen (Mitte Okt.; www. tda-ruegen.de).

November: Herbst-Schlachtfest auf dem Rügenhof in Putgarten > S. 120.

Dezember: Fahrten mit dem Weihnachtsmann im »Rasenden Roland«. **Weihnachtsmärkte.** Traditioneller **Göhrener Strandkorbsilvester.** Großes **Silvesterfeuerwerk** am Kap Arkona.

Bei den Stralsunder Wallensteintagen

ESSEN & TRINKEN

Rügens deftig-rustikale Küche ist geprägt von bodenständigen pommerschen und mecklenburgischen Einflüssen – ergänzt durch einen leicht skandinavischen Einschlag, nachdem Rügen und Hiddensee von 1648 bis 1815 zu Schweden gehörten.

Fischerei und Landwirtschaft waren jahrhundertelang die Haupterwerbszweige auf der Insel. Viele Traditionsgerichte sind Speisen, die man neben der Feldarbeit oder auf Fangfahrt ohne großen Aufwand zubereiten konnte. Hinsichtlich der verzehrten Mengen haben Ruganer offenbar schon immer einiges geleistet, darauf lässt zumindest ein überlieferter Spottvers aus dem 15. Jh. schließen: »Will's dir nicht gelingen / sieben Mahlzeiten zu schlingen / und einen Käse Zentnergewichts / gilst du auf Rügen nichts.«

SPECK? GULASCH? FISCH!

Spickaal galt als klassisches Fischerfrühstück auf See. Er ist auch noch auf mancher Speisekarte zu finden. Der stark eingesalzene Aal wird abgespült, paniert und gebraten. Die Männer aßen Spickaal gern kalt, in Scheiben geschnitten, mit einem Kanten Brot dazu.

Gekochter Dorsch mit Senfsauce zählt zu den typischen Spezialitäten, ebenso die Aalsuppe: Die Fischstücke sind mit Petersilienwurzeln und Zwiebelscheiben in Salzwasser zu kochen, mit diesem Sud und etwas Milch wird eine Butter-Mehl-Schwitze aufgegossen und zusammen mit den Aalstücken als Suppe serviert. Eine andere Variante vereint Kartoffel- und Aalsuppe zum gehaltvollen Eintopf. Überhaupt waren Eintöpfe ideale Speisen für die Seemanns- und Landarbeiterfamilien, denn sie ließen sich mehrmals aufwärmen und dienten optimal der Resteverwertung.

Die heute in den Restaurants auf traditioneller Grundlage angebotenen Varianten sind dank qualitativ hochwertiger Einlagen echte Delikatessen. Die Rügener Fischterrine etwa, zubereitet aus Edelfischen wie Hecht, kann sich mit der berühmten Marseiller Bouillabaisse durchaus messen.

Rügenfisch für unterwegs

Wer keine Suppen mag, der sollte eine Hiddenseer Spezialität probieren: den Schmoraal. Gut gesalzene und gepfefferte Aalstücke werden mit Zwiebelscheiben in Margarine geschmort und mit einer Butter-Mehl-Schwitze angereichert. Als Beilage werden Salz- oder Pellkartoffeln serviert. Die Zubereitung erinnert an Gulasch – aber das Ergebnis schmeckt noch besser.

Stremellachs ist keine rein Rügener Spezialität, sondern eine Delikatesse der gesamten pommerschen Küste: Der Fisch wird nicht in feine Scheiben geschnitten, sondern in Streifen (Stremel) und dann bei 70 °C heiß geräuchert. Diese Zubereitung zumindest einmal zu probieren, gehört quasi zum touristischen Pflichtprogramm.

Aber nicht jeder Fisch hat zu jeder Zeit Saison! Steinbutt schmeckt um Pfingsten am besten, Dorsch mundet besonders in den Monaten mit einer Endung auf »r«, Flunder dagegen verzehrt man besser in den Monaten ohne »r«-Endung.

BACKPFLAUMEN & KOHL

Das Jagdschloss Granitz ist das steinerne Zeugnis der Rügener Jagdtradition. Viele Restaurants empfehlen Wildgerichte aus den heimischen Wäldern. Jasmunder Hasenpfeffer ist eine Spezialität der Stubnitz. Das gewürfelte und scharf gewürzte Fleisch wird mit Rotwein abgeschmeckt und mit einer beliebten Beilage serviert: Waldpilzen.

Eine gehaltvolle Angelegenheit ist der Rügener Gänsebraten mit einer Füllung, die aus Backpflaumen,

BESTE LANDGASTSTÄTTEN

- Eingebettet in einem weitläufigen Landschaftspark erwartet das **Gutshaus Kubbelkow** seine Gäste mit einer vielfach ausgezeichneten abwechslungsreichen Küche, die als eine der besten der gesamten Region gilt. › S. 68
- Versteckt in Alt Reddevitz serviert das urige **Scheunenrestaurant Kliesow's Reuse** im rustikalen Ambiente eines alten schilfrohrgedeckten Bauernhofes frische Regionalküche, besonders exzellent sind die Mönchsguter Fische. › S. 95
- Der Gasthof **andernorts auf Rügen** D4 im idyllischen ruhigen Weiler Rappin bietet in einer historischen Hofanlage frische Regionalküche aus Bio-Produkten, auch für Vegetarier und Veganer (€–€€, Dorfstr. 8–9, 18528 Rappin, Tel. 03 83/84 03 56 00, www.andernorts-auf-ruegen.de).
- In grüner Alleinlage in Götemitz bei Rambin ist der Landgasthof **Die Insel auf Rügen** B6 in einer bildschönen historischen Hofanlage beheimatet. In der kleinen rustikalen Gaststube oder auf der Terrasse mit Blick auf Feld und Wald wird eine kleine, aber feine Auswahl an Gerichten aus frischen regionalen und saisonalen Produkten serviert (€€, mit Pension; Götemitz 27, 18573 Rambin, Tel. 03 83 06/61 10, www.die-insel-auf-ruegen.de).

Äpfeln und geriebenem Schwarzbrot besteht. Originell sind Speisen wie Grützwurst mit Rosinen und die kuriose Mönchguter Kirschsuppe mit Klößen und fettem Fleisch. Eine herzhafte Mahlzeit ist mit Räucherspeck gefüllter Kohl. Den deftigen Genuss rundet man stilecht mit einem Schnaps aus heimischer Produktion ab: Der Rügengeist aus der Rügener Edeldestillerie > unten ist eine hochprozentige Mixtur aus Weizenbrand, Sanddornbeerensaft sowie diversen Kräutern und wird brennend serviert.

Den kleinen Hunger zwischendurch kann man an einer der zahlreichen Imbissbuden stillen. Kenner schätzen die frischen Fischbrötchen und die schmackhafte Rügener Bratwurst, die an vielen Ständen angeboten wird. Das authentische Inselprodukt ist wunderbar würzig.

SHOPPING

Stralsund und das Ostseebad Binz bieten jeweils eine kleine Laden- und Boutiquenkultur, und auch in den anderen Orten Rügens findet man immer wieder reizvolle Geschäfte, die zum Einkaufen verführen.

Das Siegel »Original Rügen Produkte« steht für Qualität und regionale Herkunft. Nahrhafte Souvenirs sind Honig, Sanddornprodukte, Rügengeist oder Räucherfisch. Letzteren sollte man erst unmittelbar vor der Rückreise kaufen. Viele Inselspezialitäten kann der Besucher direkt ab Hof oder Hersteller kosten und erstehen.

Bio-Gutshof Rosengarten 🔖 D7
Gärtnerei, Cafe, Hofladen – frische Produkte aus eigener Produktion oder aus der Region alles in Bio-Qualität. Im Sommer erwartet Sie das »Café im Grünen« mit selbstgebackenen Kuchen und Säften aus eigener Herstellung
• Rosengarten 9A | 18574 Garz
  Tel. 03 83 04/82 81 84
  www.gutrosengarten.de
  Mo–Fr 9.30–15 Uhr

Bioland Imkerei & Hofladen 🔖 E6
Neben Bio-Honigen, Bienenwachskerzen, Propolis, Gelee Royal, Tropfhonig, Bienenbrot, Honigschokoladen und Pralinés, Honigseifen etc findet man hier auch zahlreiche andere Spezialitäten und Kunsthandwerk aus der Region.
• Markt 9 | 18581 Putbus
  Tel. 03 83 01/6 22 21 | www.kornrade.de
  Di–Fr 10–18, Sa 10–14 Uhr

Erste Rügener Edeldestillerie 🔖 B5
Wer feine Obstbrände schätzt, wird in Lieschow bei Ummanz fündig. Hier werden Äpfel, Birnen, Pflaumen und Kirschen aus Eigenbau zu Bio-Edelbrände destilliert.
> mehr S. 17 Punkt ③⑤
• Lieschow 17 | 18569 Ummanz
  Tel. 03 83 05/5 53 00
  www.1ste-edeldestillerie.de
  Mai–Okt. Mo–Sa 10–18, Nov.–April Mo–Fr 10–16 Uhr

Fischhalle Sassnitz F3

Rügens längste Fischtheke: Fangfrischer Fisch, selbst gemachte Fischsalate, Räucherfisch, Marinaden, Fischbrötchen und weitere Delikatessen mitten im größten und schönsten Fischerhafen der Insel.

- Hafenstr. 12 | 18546 Sassnitz
  Tel. 03 83 92/5 13 30
  www.kutterfisch.de/sassnitz
  Mo–Do 7–15, Fr 7–13 Uhr

Molkerei Naturprodukt GmbH C7

Der kleine Handwerksbetrieb verkauft seine hauseigenen Bioprodukte aus Sanddorn, Waldfrucht, Kürbis und Milch im Hofladen. Mit kleinem Café.

- Hof 16 | 18574 Poseritz
  Tel. 03 83 07/4 04 29
  www.ruegener-inselfrische.de
  Mo–Sa 10–18 Uhr

Rügener Spezialitätenmanufaktur D3

Bietet Leckereien aus eigener Bio-Produktion: Holzofenbrot und -backwaren, Lavendel- und Thymiannudeln, Aufstriche aus Wildfrüchten, Pralinen, Konfekt, glasierte Walnüsse, Räucherfisch u. v. m.

- Baldereck 9 | 18551 Glowe
  Tel. 03 83 02/53 448
  www.ruegener-spezialitaeten-manufaktur.de
  Mo–Sa 10–18 Uhr

Sök di wat ut C2

Charmanter Mix aus Café, Galerie, Blumenladen, Hofladen, Antikhandel und Streichelzoo.

- Gerhart-Hauptmann-Str. 6
  18556 Wiek | Tel. 03 83 91/76 99 32
  www.blumencafe-ruegen.de
  Okt.–April Di–So 13–17, Mai–Sept. tgl. 13–18 Uhr

👍

DIE SCHÖNSTEN MÄRKTE

- Der **Rügen Markt** auf der Wiese vor dem Hafen in **Thiessow** E5 versammelt über 100 Rügener Produzenten und Kunsthandwerker und damit eine einmalig breite Palette an Inselprodukten (Mai–Okt. Di und Do 9–16 Uhr; www.ruegen-markt.de).
- Gemüse, Fleisch, Fisch, Sanddorn, Bio-Obst und andere Rügen-Produkte bieten Bauern und Händler auf dem **Großen Wochenmarkt in Stralsund** b2 feil (Neuer Markt, Di u. Fr 7–15 Uhr).
- Der **Kunsthandwerkermarkt Gingst** C5 ist eine Leistungsschau Rügener Künstler und Kunsthandwerker mit buntem Rahmenprogramm mit Musik und Spezialitäten (Mitte Aug.).
- Auf dem großen **Stralsunder Töpfermarkt am Alten Markt** b1 (Aug.) und auf dem **Töpfermarkt im Seepark Sellin** G6 (3. Wochenende im Sept.; www.ostsee toepfermarkt.de) bieten Töpfer und Keramiker der Region Ihre Kunsthandwerksprodukte feil.
- Freunde von Kunst, Kram und Krempel pilgern zum großen **Selliner Flohmarkt** G6 (1.4.–28.10. jeden So 9–17 Uhr auf dem Großparkplatz an der B 196).
- Am **Markt des Rügenhofs Arkona** > S. 120 laden kleine Läden mit einem Sortiment von Trödel bis traditionellem Handwerk zum Stöbern ein (April–Okt ab 10 Uhr).

Weße Kreideklippen und dichte Buchenwälder prägen das Bild des Nationalparks Jasmund

TOUREN & SEHENSWERTES

RÜGEN – DAS KERNLAND

Weg zum sogenannten Gelben Strand
auf der ruhigen Halbinsel Zudar

Rügens Inselkern ist ein ländliches Idyll mit wogenden Feldern und blühenden Wiesen. Eingestreut darin sind kleine malerische Dörfchen, aber mit Putbus überraschender Weise auch eine prächtige Residenz.

»Muttland nennen die Rüganer das insulare Kernland zärtlich. Mutten ist das plattdeutsche Wort für Muttersauen – die wurden einst über die abgeernteten Felder getrieben und mit dem Ruf »Mutt Mutt« gelockt.

Die meisten Besucher durcheilen dieses ländliche Stück Rügen in Richtung Seebäder und Sandstrände. Genau das macht den Inselkern so sympathisch für diejenigen, die Ruhe und Erholung suchen. Hier spaziert oder radelt man durch bunt blühende Wiesen und wogende Felder, aus denen die roten Türme der Backsteinkirchen ragen, und kehrt in Dorfkrüge ein. Dazu hat Rügens Zentrum durchaus Attraktionen zu bieten, wie den Circus der früheren Residenzstadt Putbus, die historischen Handwerkerstuben in Gingst und die Marienkirche in Bergen.

Das Schönste aber bleiben die unspektakulären Ecken wie die kaum besuchte Küste am Strelasund und an der Halbinsel Zudar. Naturfreunde zieht es auf die Vogelinsel Ummanz. Für Freunde der Backsteinarchitektur sind die schönen kleinen Dorfkirchlein allein schon eine Reise wert. Höhepunkt ist der Ernst-Moritz-Arndt-Turm auf dem Rugard bei Bergen, von dem der Blick bei gutem Wetter über die gesamte Insel bis zu den Türmen von Stralsund und Greifswald reicht.

TOUREN IN DER REGION

TOUR 1

STILLE UFER & WOGENDE FELDER

ROUTE: Altefähr › Gustow › Drigger Ort › Prosnitzer Schanze › Poseritz › Groß Schoritz › Zudar › Palmer Ort › Garz › Putbus › Lauterbach › Insel Vilm

KARTE: Seite 54
DAUER: 1 Tag, 60 km
PRAKTISCHE HINWEISE:
- Die Tour ist mit dem Pkw oder auch mit dem Fahrrad möglich. Es gibt einen ausgeschilderten Radweg abseits der Alleenstraße und kaum Höhenunterschiede.
- Die Allee über Poseritz und Garz ist ein Unfallschwerpunkt. Fahren Sie deshalb mit Ihrem Kfz langsam und immer mit Licht!

TOUR-START:

Die Route ist landschaftlich sehr reizvoll mit ihren Alleen, aber als einzige Straße zu den Seebädern von Granitz und Mönchgut stark befahren. Verlassen Sie ruhig die Hauptroute, fahren Sie auf den kurzen Stichstraßen hinaus nach **Altefähr** **1** › S. 57 über **Gustow** **2** › S. 57 auf die ruhigen Halbinseln **Drigge** und **Prosnitz** und nach **Zudar** **6** › S. 59. Ob am Drigger Ort, an der Prosnitzer Schanze oder am Palmer Ort: Hier findet man das wahre, das stille »Mesoboddamien« und romantische Ausblicke auf die großen und kleinen Schiffe, die der Hansestadt Stralsund zustreben.

Ländlich beschaulich zeigt sich auch **Garz** **4** › S. 58. Dazu kontrastiert **Putbus** **8** › S. 62 im herrschaftlichen Glanz von Fürst Malte I., der die »Weiße Stadt« als seine Residenz auf die grüne Wiese setzen ließ. Insel- und Ostseefeeling pur mit buntem Fischerhafen, Fischräuchereien und -restaurants bietet

TOUREN IN RÜGENS KERNLAND

TOUR ❶

STILLE UFER UND WOGENDE FELDER

Altefähr › Gustow › Drigger Ort › Prosnitzer Schanze › Poseritz › Groß Schoritz › Zudar › Palmer Ort › Garz › Putbus › Lauterbach › Insel Vilm

TOUR ❷

HÜGELGRÄBER UND BACKSTEINGOTIK

Bergen › Ralswiek › Woorke › Rappin › Neuenkirchen › Liddow › Vieregge/Lebbin › Trent › Schaprode dann **Lauterbach** 10 › S. 65, das sich für eine Übernachtung anbietet. Von hier starten auch die Ausflugsboote auf die zauberhafte Insel **Vilm** 11 › S. 66, ein Naturparadies mit besonderer Geschichte. Die Teilnehmerzahl für Exkursionen auf das Eiland ist auf 30 Personen begrenzt, daher sollte man sich rechtzeitig einen Platz reservieren.

TOUR 2

HÜGELGRÄBER & BACKSTEINGOTIK

ROUTE: Bergen › Ralswiek › Woorke › Rappin › Neuenkirchen › Liddow › Vieregge/Lebbin › Trent › Schaprode

KARTE: Seite 54
DAUER: 1 Tag, 80 km
PRAKTISCHER HINWEIS:
• Teilstrecken sind sehr rustikal, das Befahren ist bei schlechter Witterung nur bedingt zu empfehlen.

TOUR-START:

Die Region am Jasmunder Bodden ist eine der abgelegensten auf Rügen. Ob auf dem Liddower Haken oder am Ufer bei Vieregge oder Lebbin. Picknickdecke und -korb sollten auf keinen Fall fehlen, denn es bieten sich herrliche Plätzchen in ruhiger Natur mit Boddenblick.

Die Tour beginnt in **Bergen** 12 › S. 66 mit der Marienkirche als bedeutendes Zeugnis norddeutscher Backsteinarchitektur. Weiter geht es zum malerisch an einer stillen Boddenbucht gelegenen Dorf **Ralswiek** 14 › S. 69, über dem das prachtvolle Schloss Ralswiek thront, und auf dessen Freilichtbühne im Sommer die Störtebeker-Festspiele stattfinden. Zwischen Ralswiek und Gingst erstreckt sich Rügens mittlerer Westen: So weit das Auge reicht, sieht man nur Felder und darin eingestreut kleine Weiler und Gehöfte. Dem größten bronzezeitlichen Hügelgräberfeld der Insel begegnen Sie bei **Woorke,** einer der niedlichsten Backsteinkirchen in **Rappin** 15 › S. 71. Das Kulturgut **Liddow** 16 › S. 71 war seinerzeit Hauptdrehort der ZDF-Serie »Hallo Robbie«.

Von **Neuenkirchen** stoßen Sie auf der urwüchsigen **Halbinsel Lebbin** 17 › S. 71 Richtung Vieregge vor und passieren dabei den Hoch Hilgor. Auf dem 44 m hohen bewaldeten Hügel steht ein neuer, nach dem Heimatdichter Jacob Grümbke benannter, 21 m hoher stählerner Aussichtsturm. nachdem der alte hölzerne abgerissen werden musste.

Vom Hafendorf **Vieregge** geht es zurück nach **Neuenkirchen** und weiter nach **Trent** 21 › S. 74, wo Sie unbedingt ein Eis im Gasthaus Fähreck kosten sollten. Am Tor zur Insel Hiddensee, in **Schaprode** 22 › S. 75, sollten Sie es nicht versäumen, im Gasthaus Schilling Köstliches aus Rindfleisch von der in Familienbesitz befindlichen Insel Öhe oder Kutterfisch von Hiddensee zu probieren und im kleinen Hofladen den Picknickkorb mit hauseigenen Delikatessen zu füllen.

UNTERWEGS IN DER REGION

ALTEFÄHR **1** ▣ B7

Kaum hat man vom Festland aus den Strelasund auf der Rügenbrücke überquert, entschwinden die meisten Besucher in Richtung Granitz und Mönchgut nach Osten. Doch auch wenn die gepflasterte Stichstraße nach Altefähr recht holprig ist, so sollte man den kurzen Abstecher in den heute ruhigen Fährort nicht versäumen. Denn zum einen besitzt das Dorf einen hübschen **Park** direkt am Strelasund, zum anderen mit **St. Nikolai** eine Kirche mit einer kurios auf dem Eck sitzenden, verrutschten Turmuhr. Von hier aus genießt man einen herrlichen Blick auf Stralsunds Altstadt mit ihren markanten Türmen.

SCHIFFFAHRT
Weiße Flotte GmbH
Zwischen Stralsund-Fährbrücke und Altefähr pendelt in der Saison eine Personen-/Farradfähre (Mitte April–Ende Okt. tgl. 4–5 Mal, hin/zurück Erw. 5,50 €, Kind 2,50 €, Fahrzeit ca. 15 Min.).
• Fährstr. 16 | 18439 Stralsund
Tel. 0 38 31/26 81 10
www.weisse-flotte.de

HOTEL
Hotel Sundblick €€
Kleines Hotel mit komfortablen Zimmern. Schöner Blick von der Dachterrasse auf Stralsund und den Strelasund.
• Am Fährberg 8 b | 18573 Altefähr
Tel. 03 83 06/71 30
www.hotel-sundblick.de

GUSTOW **2** ▣ B7

Mitten in dem kleinen beschaulichen Dörfchen an der wundervollen Alleenstraße › S. 58 erhebt sich die erstmals 1345 erwähnte gotische **Dorfkirche**. In dem fotogenen Backsteinbau wurden 1935 bei Renovierungsarbeiten figürliche Malereien aus der Zeit um 1420 freigelegt. Werfen Sie einen Blick auf die Triumphkreuzgruppe auf dem Lettnerbalkon (1420) sowie die Schnitzgruppen »Pietà und hl. Anna Selbdritt«.

Für Rügen-Neuankömmlinge ist die Gustower Dorfkirche die erste der so typischen wunderhübschen mittelalterlichen Backsteinkirchen, die man auf der Insel in großer Zahl vorfindet.

POSERITZ **3** ▣ C7

Malerisch steht mitten im Dörfchen auf einer lichten Anhöhe **St. Marien,** die mittelalterliche Backsteinkirche von Poseritz. Ihre im bäuerlichen Stil gehaltene Rokokokanzel entstand 1755.

4 km südlich steht das wiederaufgebaute **Schloss Üselitz.** In den Obergeschossen befinden sich insgesamt sieben Ferienwohnungen, die unteren Geschosse dienen für Feste und Veranstaltungen. 2011 wurde die Üselitzer Wiek wieder geflutet, wodurch die Gutsanlage ihre einzigartige Insellage wiedererhielt (www.ueselitz.de).

GARZ 4 D7

Garz (2200 Einw.; www.stadt-garz-ruegen.de) ist Rügens älteste und kleinste Stadt. Sie erhielt 1317 als erster Inselort das Stadtrecht. Zur Ranenzeit hieß die Siedlung Charenza. Noch nach der Christianisierung war Garz Inselhauptstadt, verlor diesen Status aber an das durch Handel erstarkte Bergen. Heute vermittelt es den Eindruck eines etwas zu groß geratenen Dorfes.

Am Nordufer des Garzer Sees am Südrand der Stadt sind noch Wallreste der slawischen **Charenzaburg** zu besichtigen. Ihre Besatzer ergaben sich 1168 nach dem Fall der Jaromarsburg › S. 122 den Dänen kampflos. Außer den Erdwällen blieb von der einstigen Festung nichts erhalten. Die politische und militärische Bedeutung der Anlage war erheblich. Der Hauptgott Swantevit hatte zwar seinen Tempel auf Wittow. In Garz verehrten die Ranen einige wichtige Nebengötter: den Kriegsgott Rugivit (dargestellt mit sieben Köpfen), den Wettergott Porivit (fünfköpfig) und den Donnergott Porenut (vierköpfig). Auch

nach der Niederlage gegen die Dänen und der Christianisierung diente der Komplex als Residenz. 1234 unterschrieb hier Witzlaw I. die Stadtrechtsurkunde Stralsunds.

Das seit 2015 mit einem Erweiterungsbau versehene **Ernst-Moritz-Arndt-Museum** ist die meistbesuchte Sehenswürdigkeit der Stadt. Es zeigt in wechselnden Ausstellungen Lebenszeugnisse des berühmtesten, in Groß Schoritz › S. 60 geborenen Inselsohns sowie zur Kulturgeschichte der Stadt Garz. In der oberen Etage befindet sich eine Sammlung zur slawischen Vorgeschichte des Ortes (An den Anlagen 1, Tel. 03 83 04/1 22 12; Mai bis Okt. Di–Sa 10–16, Nov.–April Mo bis Fr 11–15 Uhr).

Die **St.-Petri-Kirche** auf einer kleinen Anhöhe entstand ab 1350. Das Fundament des gotischen Backsteinbaus besteht aus unbehauenen Findlingen. Der romanische Taufstein ist älter als die Kirche, gestalterische Parallelen zur Taufe im Braunschweiger Dom stützen die Vermutung, dass es sich um ein Geschenk Heinrichs des Löwen handelt.

💬 **DIE DEUTSCHE ALLEENSTRASSE**

Zu den landschaftlichen Höhepunkten Rügens zählt auch die Alte Bäderstraße von Altefähr über Garz und Putbus nach Sellin. Grünen Gewölben gleich schließen sich von Mai bis in den Herbst die Kronen der mächtigen Kastanien, Eichen, Ulmen und Linden über der Straße zusammen und bieten ein grandioses Spiel von Licht und Schatten. Zum Schutz des historischen Baumbestandes wurde die Strecke 1993 zum ersten Abschnitt der »Deutschen Alleenstraße« erklärt. Diese führt über gut 2500 km von Kap Arkona auf Rügen bis zum Bodensee (www.deutsche-alleenstrasse.de).

Auf der Deutschen Alleenstraße bei Garz

HOTEL

Pension Forsthaus €€
Wunderbar ruhig, nur von Wald und Wiesen umgeben in der Nähe eines romantischen Waldsees gelegen.

- Klein-Stubben 1 | 18574 Garz
  Tel. 03 83 07/4 09 21
  www.pension-forsthaus-garz.de

RESTAURANT

Gasthaus Zur Post €
In der einfachen Bauernstube serviert Marlies Schultz bodenständige, handfeste Bauernküche, das Doppelzimmer gibt es für 64 € inklusive Frühstück.

- Lange Str. 12 | 18574 Garz
  Tel. 03 83 04/3 33
  www.ruegen-gasthaus-zur-post.de

HALBINSEL ZUDAR

Platt wie eine Flunder liegt die Halbinsel Zudar zwischen Schoritzer und Puddeminer Wiek. Beson-ders intensiv kann man die Ruhe und Natur dieser Region Südrügens als Radfahrer genießen. Wer in die Pedale tritt, wählt ab Garz den markierten Radweg »Alte Kleinbahn« und ab Puddemin den Radweg entlang der Wiek bis zur Glewitzer Fähre. Einen hübschen, bei Nackedeis beliebten Sandstrand findet man beim kleinen Campingplatz Pritzwald, einen weiteren am **Palmer Ort** › S. 61. Der Rückweg nach Garz führt zwischen Losentitz und Zudar über eine der schönsten Alleen Rügens.

Prachtvoll zeigt sich der Weg auch für Autofahrer: Die Chaussee, die von Garz über die Halbinsel Zudar zur Glewitzer Fähre führt, kann es mit der Deutschen Alleenstraße › S. 58 durchaus aufnehmen. Der Weg führt durch stilles Bauernland, vorbei an Dörfchen mit Namen wie **Dumsevitz** und **Schabernack**.

SCHIFFFAHRT

Weiße Flotte GmbH

Die Rügenfähre Glewitz – Stahlbrode ist eine Alternative zu Rügendamm und Rügenbrücke, z. B. bei deren saisonaler Verkehrsüberlastung. Autofähren Mitte April–Okt. tgl. 6–20 Uhr, in der Hochsaison bis 21.40 Uhr im 20- bis 30-Minuten-Takt, bei Bedarf Pendelverkehr; Kfz bis 3 t 6,50 €, Pers. 1,30 €.

• Tel. 01 72/7 52 68 36
  www.weisse-flotte.de

GROSS SCHORITZ 5 🏛 D7

Wie dieses Dorf (220 Einw.) sahen vor 100 Jahren viele Orte Rügens aus: eine Ansammlung bescheidener Katen und ein stattliches Gutsgebäude. Das **Gutshaus Groß Schoritz** spielte schon zu DDR-Zeiten eine Sonderrolle und wurde nach der Wiedervereinigung samt Gutspark aufwendig restauriert.

Dies verdankt es dem Patrioten und Freiheitskämpfer Ernst Moritz Arndt, der hier geboren wurde. Arndt verbrachte seine Kindheit (1769–1776) im Gutshaus und erinnerte sich an »ein neues, noch glänzend geschmücktes Haus; ein großer Blumengarten und mehrere Baumgärten; dicht daran eine ganz kleine Halbinsel, die aber bei hoher Sturmflut oft zu einer Insel ward«.

Heute ist das Mitte des 18. Jhs. errichtete Haus Sitz der Ernst-Moritz-Arndt-Gesellschaft, die sich um das Erbe des streitbaren Lyrikers und Politikers kümmert. Im Gutshaus finden regelmäßig Kulturveranstaltungen statt. Der **Mäuseturm** im Gutspark eröffnet von seiner Aussichtsplattform einen herrlichen Blick über die Schoritzer Wiek. (Tel. 03 83 04/5 24, www. ernst-moritz-arndt-gesellschaft.de).

💬 **ERNST MORITZ ARNDT**

Noch zu Beginn des 19. Jhs. gibt es viele Leibeigene auf den Gutshöfen der Landjunker. Dem Vater Ernst Moritz Arndts gelingt es, sich loszukaufen. 1769, im Geburtsjahr seines Sohnes, wird er Gutsinspektor in Groß Schoritz › oben. Der Filius studiert Theologie und arbeitet als Hauslehrer beim Altenkirchener Pastor Kosegarten › S. 119. 1803 erscheint Arndts Buch »Versuch einer Geschichte der Leibeigenschaft in Pommern und Rügen«, ein flammender Aufruf für Menschenwürde und Gerechtigkeit. Der Adel reagiert mit Härte: Arndt muss ins schwedische Exil flüchten. Trotzdem engagiert er sich weiter für die Freiheit. Aufrufe zum patriotischen Widerstand gegen die napoleonische Besatzungsmacht bringen ihm den Beifall seiner Landsleute und drei weitere Jahre im Exil ein. 1817 geht Arndt als Professor nach Bonn. Zwei Jahre später erhält er erneut Vorlesungsverbot – zu vehement hat er die Vereinigung der vielen deutschen Kleinstaaten zu einem Reich gefordert. 20 Jahre hält man Arndt vom Amt fern, dann kehrt er zurück und steigt umgehend zum Rektor auf. 1848 gehört Arndt der Nationalversammlung in der Frankfurter Paulskirche an. 1860 stirbt Ernst Moritz Arndt 90-jährig in Bonn.

In der schön renovierten ehemaligen Wallfahrtskirche St. Laurentius, Zudar

DORF ZUDAR 6 📖 D8

Auf der Landenge zur Halbinsel Zudar liegt das gleichnamige Dorf (350 Einw.). Um 1370 war der Weiler Ziel vieler Wallfahrten. Denn einem Marienbild in seiner Kirche **St. Laurentius** sagte man wundertätige Wirkung nach – Zudar war eine Art rügensches Lourdes. Vielleicht stünde hier heute ein prachtvoller Dom, hätte nicht garstiges Geschick die Karriere des Wallfahrtsortes jäh beendet: 1372 kenterte ein Pilgerschiff im Sund, Maria half nicht und 90 Menschen ertranken jämmerlich. Die Katastrophe erschütterte das Vertrauen in die Wunderkraft des Bildes nachhaltig, die Pilger blieben aus. Das Langhaus der ehemalige Wallfahrtskirche im Stil der Backsteingotik betritt man durch den 1665 errichteten hölzernen Glockenturm.

Der abgeschiedene **Palmer Ort** bildet die südlichste Spitze der Halbinsel Zudar und Rügens und mit seinem kleinen Naturstrand für Wanderer ideale Gelegenheit für eine Rast mit Strandpicknick.

LOSENTITZ 7 📖 C8

Hier legte der sozial sehr engagierte Gutsherr Moritz von Dyck 1794 bis 1811 einen 6 ha großen **Landschaftspark** an, in dem er rund 200 verschiedene Gehölzarten anpflanzte, darunter so exotische wie Sumpfzypressen und Platanen. Die nach 1945 verwilderte Anlage wurde rekultiviert und das Gutshaus zu Ferienwohnungen umgewandelt. Der Park ist öffentlich zugänglich.

PUTBUS 8 ⭐ 1 📖 E6

Im Mittelpunkt eines weiträumigen Rondells steht ein 21 m hoher Obelisk. 16 zwei- bis dreistöckige Häuser säumen die kreisrunde Anlage. Ihre weiß getünchten klassizistischen Fassaden schaffen ein großstädtisches Ambiente, doch hinter den imposanten Prachtfassaden ist der Blick frei auf Wald und Wiesen.

Dies ist Putbus – die letzte planmäßig angelegte Residenzstadt Europas. Die alte Siedlung bestand aus dem steinernen Herrenhaus des Grafengeschlechts von Putbus nebst einigen Wirtschaftsgebäuden. Erst Wilhelm Malte I. von Putbus (1783–1854) entwickelte den ehrgeizigen Plan, den Familiensitz im großen Stil zu erweitern. Anregungen hatte der kunstsinnige Fürst durch diverse Studienaufenthalte im europäischen Ausland erhalten.

Nach den Vorstellungen Wilhelm Maltes I. sollten die am Aufbau von Putbus Mitwirkenden zu Neubürgern der Stadt werden. In öffentlichen Bekanntmachungen versprach der Adelige siedlungswilligen Handwerkern und Tagelöhnern großzügige Prämien. Im »Hinterhof« der Residenzstadt, entlang der heutigen August-Bebel-Straße und der Berger Straße, entstanden die einfachen Wohnhäuser für jene Zuzügler. Am Markt und an der Allee errichtete man die Repräsentativbauten – noch heute ist diese Klassenteilung im Ortsbild gut ablesbar.

In den Palaisbauten entlang der Allee nahmen bereits in den 1820er-Jahren Feriengäste Quartier, denn der ehrgeizige Stadtplaner wollte die Gründung zum Seebad nach Bad Doberaner Vorbild ausbauen. Nach anfänglichem Erfolg scheiterte dieses Vorhaben jedoch ebenso wie mehrere Versuche, hier langfristig Industriebetriebe anzusiedeln. Erhalten blieb ein Ort mit durchgängigem klassizistischem Stadtbild, das den Besuchern den Eindruck vermittelt, sich im kulturellen Zentrum Rügens zu bewegen.

Hochkarätigen Musikgenuss bieten im Mai/Juni die **Putbus-Festspiele** mit Konzerten und Opernaufführungen im Marstall, Theater und in der Schlosskirche › **S. 45**.

CIRCUS

Das Rondell trägt den Namen Circus (1828–1845). In seinem Zentrum thront der **Obelisk,** den der Fürst 1845 zum Gedenken an die Ortsgründung aufstellen ließ.

An der Ecke zur Alleestraße steht das **Pädagogium** (1827–1836). Sein wechselvolles Schicksal reflektiert den historischen Wandel: Rügens älteste höhere Schule firmierte erst als Königlich-Preußisches Gymnasium, ab 1918 als Staatliches Pädagogium. 1941–1945 agitierte hier die Nationalpolitische Erziehungsanstalt. Nach Kriegsende bildete hier das Diesterweg-Institut Lehrer aus, von 2002 bis 2014 das inzwischen insolvente IT-College Putbus Nachwuchs-Computerspezialisten.

MARKTPLATZ

Das städtebauliche Gegenstück zum mondänen Circus und mit diesem durch die schnurgerade Alleestraße

Der klassizistische Marktplatz von Putbus mit Theater und Kriegerdenkmal

verbunden ist der Marktplatz. An diesem weitläufigen Forum – auch dieses viel zu groß für die kleine Stadt – fällt das **Theater Putbus** ins Auge. Das klassizistische Kleinod, Spielstätte des Theaters Vorpommern, ist eines der schönsten seiner Art im Ostseeraum. Zunächst war das 1819–1821 erbaute Haus nur im Sommer geöffnet, wenn die Theater in den großen Städten Pause machten. So konnte man renommierter Darsteller engagieren, die in Putbus die Sommerfrische mit einem lukrativen Zusatzengagement verbanden. Prominenter Zuschauer war Gerhart Hauptmann, in dessen Roman »Im Wirbel der Berufung« (1936) das Gebäude ein Handlungsschauplatz ist.

Der Besuch des vorbildlich restaurierten Theaters Putbus ist der festliche Höhepunkt einer Rügenreise; ab und zu stehen auch Mund-

artaufführungen in Plattdeutsch auf dem Programm (Markt 13, Tel. 03 83 01/80 80, www.theater-vorpommern.de; gratis Führungen Mo–Do 11.15, 14 Uhr, Dauer 45 Min.; Kartenvorverkauf Di–Fr 10–13 u. 16–8 Uhr, Tel. 03 83 01/80 83 30). › mehr S. 17 Punkt **31**

Wenige Schritte vom Marktplatz präsentiert das private **Uhren- und Musikgerätemuseum** rund 1000 Exponate zur Tonwiedergabe und Zeitmessung, darunter eine 250 Jahre alte Harfenuhr (Alleestr. 13, Tel. 03 83 01/6 09 88; Mai–Okt. tgl. 10–18, Nov.–April 11–16 Uhr). › mehr S. 16 Punkt **26**

SCHLOSSPARK

Für einen Spaziergang im Schlosspark, einem der prächtigsten in ganz Norddeutschland, sollte man sich Zeit nehmen. Der Fürst ließ ihn 1804 nach englischem Vorbild mit Rasen, exotischen Gehölzen wie Mammutbäumen und Gingkos sowie Wasserläufen gestalten. Aus einer Rinderkoppel wurde ein Wildgatter, in dem nach wie vor zutrauliches Rot- und Damwild gehegt wird (Parkführungen: Tel. 03 83 01/4 31, www.putbus-fuehrungen.de; Juni–Sept. Di bis Do 11 Uhr ab Orangerie). Die **Orangerie** beherbergt die Kulturstiftung Rügen mit Galerien, darunter eine Verkaufsgalerie mit Werken Rügener Künstler (Tel. 03 83 01/88 97 97; Mai–Okt. Mi–So 11–17, Nov.–April Mi–Sa 11–16, So 13 bis 16 Uhr).

Ein Schloss sucht man im Putbuser Schlosspark jedoch vergeblich. Fürst Maltes Residenz ließen die Verantwortlichen in der DDR 1962 wegen angeblicher Baufälligkeit abreißen. Wie es einmal aussah, zeigt die **Ausstellung »Das verschwundene Schloss«** in der Alten Schmiede neben dem Marstall im Park (April–Okt. tgl. 11–17 Uhr).

Erhalten geblieben ist aber die **Schlosskirche.** Das imposante Gebäude zwischen Wildgatter und Schwanenteich diente nach seiner Fertigstellung 1846 im Stil des Spätklassizismus als Kurhaus und wurde erst 1891/1892 als Ersatz für die abgebrannte Schlosskapelle zum Gotteshaus umgebaut.

PUPPEN- UND SPIELZEUGMUSEUM

Am Südwestufer des Schwanenteichs wartet im ehemaligen Affenhaus eine Attraktion, die nicht nur die Kleinen begeistert. Im Puppen- und Spielzeugmuseum sind Kinderträume aus Stoff, Porzellan, Holz und Blech aus drei Jahrhunderten zu bestaunen (Kastanienallee, Tel. 03 83 01/6 09 59, www.puppenmuseum-putbus.de; tgl. 10–18 Uhr).

CIRCUS EINS

Im Kronprinzenpalais am Circus hat die Kunstschau »Ins Blaue« einen neuen Standort gefunden. Sie vereint die vorher auf 18 Standorte auf ganz Rügen verteilten Wechselausstellungen von zeitgenössischen Künstlern (Kronprinzenpalais, Circus 1, Tel. 01 51/42 44 66 38, www.circus-eins.de; April–Okt. tgl. 11 bis 17, Nov.–März Do–So 11–17 Uhr).

INFO

Putbus-Information
- Alleestr. 2 | 18581 Putbus
  Tel. 03 83 01/4 31
  www.ruegen-putbus.de

HOTELS

Gutshaus Krimvitz €€
Idyllische Alleinlage in herrlich ruhiger Natur. Im Geburtshaus von Franz zu Putbus und früherer Wintersitz der Familie warten 7 Zimmer, 3 Suiten und 2 Ferienwohnungen auf Gäste.
- Dorfstr. 4 | 18581 Krimvitz
  Tel. 03 83 01/64 12 64
  www.krimvitz.de

Hotel Koos €–€€
Herberge mit über 100-jähriger Tradition. Im »Pommernstübchen« des Hauses werden pommersche Fisch- und Fleischspezialitäten serviert.
- Bahnhofstr. 9 | 18581 Putbus
  Tel. 03 83 01/2 78
  www.hotel-auf-ruegen.de

VILMNITZ 9 ■ E6

Der kleine Weiler besitzt mit der malerisch auf einem Hügel stehenden Backsteinkirche **St. Maria Magdalena** (13. Jh.) die Hof- und Begräbniskirche der Familie Putbus. In der Gruft unter dem Chor ruhen Fürst Malte I. und 26 weitere Familienmitglieder. Ein Ohrenschmaus sind die sommerlichen Kirchenkonzerte (Ende Juni–Anf. Sept. Do um 19.30 Uhr, Tel. 03 83 01/4 36).

LAUTERBACH 10 ■ E6

Der Ortsteil Lauterbach ist wie das 2 km entfernte Putbus eine Gründung Wilhelm Maltes und benannt nach dem Geburtsnamen seiner Frau. Vom Hafen starten Exkursionen zur Insel Vilm und andere Schiffstouren. › mehr S. 13 Punkt 10

Östlich blitzen 18 weiße dorische Säulen aus dem Grün: die antikisierende Prachtfassade des monumentalen **Badehauses Goor,** das Fürst Wilhelm Malte 1818 errichten ließ. Der lange vergessene Badetempel wurde aufwendig restauriert und bietet heute wieder First-Class-Wellness › unten.

Weiter östlich beginnt das zauberhaft schöne **Naturschutzgebiet Goor.** Durch dessen Laubwaldbestände führt der »Pfad der Muße und Erkenntnis«, der schöne Blicke auf Vilm freigibt.

HOTELS

Hotel Badehaus Goor €€–€€€
Elegantes 4-Sterne-Wellnesshotel im historischen Badehaus in Alleinlage.
- Fürst-Malte-Allee 1 | 18581 Lauterbach
  Tel. 03 83 01/8 82 60
  www.hotel-badehaus-goor.de

Hotel Lauterbach €€
Kleines Komforthotel am Jachthafen mit Blick auf Vilm. Stilvoll eingerichtete Zimmer, Wintergarten, Terrasse am Wasser.
- Hafenstr. 14 | 18581 Lauterbach
  Tel. 03 83 01/88 99 70
  www.hotel-lauterbachaufruegen.de

In der Kirche des kleinen Putbuser Vorortes Vilmnitz fand Fürst Malte seine letzte Ruhe

EINKAUFEN

Ob geräuchert oder frisch, als Salat, in Aspik oder mariniert, der kleine Laden der **Fischereigenossenschaft** am Lauterbacher Hafen ist ein Dorado für Feinschmecker. Delikat sind auch die Fischbrötchen (Tel. 03 83 01/4 26; Mo–Fr 8–18, Sa 8–12 Uhr).

AUSFLUG ZUR INSEL VILM 11 ⭐ 📖 E7

Nur vom Hafen Lauterbach und nur auf Voranmeldung kann man eine Exkursion auf die kleine, aber umso schönere Insel Vilm unternehmen. Das knapp 100 ha große Eiland war zur Zeit der DDR-Regierung Privatinsel Erich Honeckers und seines Ministerrats. Heute ist Vilm der Sitz der Europäischen Naturschutzakademie.

Das Inselchen darf pro Tag nur von maximal 30 Personen besucht werden. Die Insel besteht aus zwei Hügeln, die durch eine sandige Nehrung verbunden sind. Der letzte große Holzeinschlag erfolgte 1527; seitdem hat sich ein Urwald mit über 300 Pflanzenarten entwickelt. Besucher lernen die vielfältige Flora und Fauna kennen und erleben das Gefühl, einen mittelalterlichen Wald zu durchstreifen.

INFO

Anmeldung und Tickets für Vilm-Exkursionen ausschließlich bei der **Reederei Lenz** und am Kiosk im Hafen Lauterbach (Tel. 03 83 01/6 18 96, www.vilmexkursion.de; März–Okt. tgl. 10 Uhr, Erw. 18 €, Kinder 9 €, Dauer ca. 2,5 Std., keine Mitnahme von Haustieren).

BERGEN 12 📖 D5

Bergen (13 500 Einw.) heißt nicht nur so, es liegt tatsächlich auf einer Erhebung. Aus welcher Richtung man sich dem Inselzentrum auch nähert – die respektable Steigung zwingt Radler aus dem Sattel und nötigt Fußgänger zum Einlegen des Berggangs. Die Mühe lohnt sich – des hübschen Stadtkerns und seines Fachwerks wegen.

MARKT- UND KIRCHPLATZ

Der schiefwinklige Marktplatz ist Bergens historische Mitte und ein guter Ausgangspunkt der Stadterkundung. Zusammen mit dem angrenzenden Kirchplatz ist er der älteste Teil der Stadt. Hier steht mit dem **Benedix-Haus** auch eines der ältesten und schönsten Fachwerkhäuser der Stadt und ganz Rügens. Laut Dachbalkeninschrift wurde es kurz nach dem großen Feuer von 1538 erbaut. Heute sind hier Stadtinformation und Standesamt untergebracht.

MARIENKIRCHE

Die ursprünglich romanische Marienkirche am Kirchplatz ist Rügens ältestes Bauwerk und ein bedeutendes Zeugnis der norddeutschen Backsteinarchitektur. Der zum Christentum bekehrte Jaromar I. ließ sie 1185 errichten. Unter dänischer Oberhoheit wurde im 15. Jh. im gotischen Stil weiter gebaut. Romanisch sind der Chor und das Querhaus, ein Teil der südlichen Langhauswand und der untere Bereich des Westturms.

Häuserzeile am Marktplatz, Bergens historische und gesellschaftliche Mitte

In die westliche Außenwand ist unten links ein **slawischer Granitstein** eingemauert. Er zeigt einen Mann mit Bart, Pelzmütze und Mantel – vermutlich Jaromar. Das Kircheninnere schmücken Wand- und Deckenmalereien mit biblischen Motiven, z. T. aus dem 13. Jh. Die Nordseite des Chors zeigt das himmlische Paradies. Bei einer Restaurierung um 1900 wurden viele der Gemälde verfälscht. Ungeachtet dessen gewinnt der feierliche Raum durch die farbenprächtige Ausschmückung sowie die reich verzierte Kanzel und Beichtstühle an Wärme und Ausstrahlung (Kirchplatz, Tel. 0 38 38/25 35 24, www.kirche-bergen.de; April–Okt. Mo bis Sa 10–16 Uhr, sonst auf Anfrage). › mehr S. 16 Punkt 28

KLOSTERHOF

Der stille, rechtwinklig angelegte romantische Komplex hinter der Marienkirche im Klosterhof wurde 1730–1736 errichtet. Er gehörte zu einem Damenstift, das aus dem in der Reformation aufgelösten Zisterzienserinnenkloster hervorging. Nach aufwendiger Sanierung wurde ein Flügel vom **Stadtmuseum** bezogen, das mit seinen Ausstellungen die lokale Geschichte illustriert (Billrothstr. 20 a, im Klosterhof, Tel. 0 38 38/25 22 26, www.stadtmuseum-bergen-auf-ruegen.de; Mai–Okt. Di–Sa 10–16.30, Nov. bis April Di–Fr 11–15, Sa 10–13 Uhr).

Neben dem Stadtmuseum kann man in einer **Schauwerkstatt** einheimischen Handwerkern bei ihrer Arbeit über die Schulter schauen kann. Kaufen kann man hier natürlich auch einiges, vor allem rügentypisches wie Liköre, Keramik, Kerzen, Sanddornprodukte, Honig, Fruchtaufstriche und mehr. Auf dem charmanten Platz vor der Schauwerkstatt finden April bis Okt. jeden zweiten Mittwoch vielbesuchte **Floh- und Handwerkermärkte** statt.

ERNST-MORITZ-ARNDT-TURM

Vom Marktplatz aus lohnt sich ein kurzer Spaziergang zum **Rugardhügel** (90 m). Von der Glaskuppel des 27 m hohen Ernst-Moritz-Arndt-Turms aus genießt man einen herrlichen Blick über ganz Rügen (Ostern–Okt. tgl. 10–18 Uhr, im Winter Schlüssel im Hotel Rugard nebenan). Um den Turm sind Wallreste der Burg erkennbar, die Jaromar I. im Jahr 1168 errichten ließ. Wer den Spaziergang ausdehnen will, der kann den Rugard in einer halben Stunde auf einem 2,5 km langen Naturlehrpfad umrunden.

Der Ernst-Moritz-Arndt-Turm auf dem Rugard bei Bergen

In der Nähe wird auf der **Inselrodelbahn** den Rugardhügel hintergesaust (Rugardweg 7, Tel. 0 38 38/82 82 82, www.inselrodelbahn-bergen.de, Juli/Aug. 10–19, April–Juni, Sept./Okt. 10–18, sonst 13 Uhr bis zur Dämmerung). Von Baum zu Baum klettern kann man nebenan im **Kletterwald Rügen,** der fünf Schwierigkeitsgrade besitzt (Industriestr. 7 d, Tel. 01 52/ 04 90 32 63, www.kletterwald-ruegen.eu; April–Okt. 10–18 Uhr).

INFO

Touristeninformation Bergen
- Benedixhaus | Markt 23
  18528 Bergen auf Rügen
  Tel. 0 38 38/3 15 28 38
  www.stadtinfo-bergen-ruegen.de

HOTELS

Gutshaus Kubbelkow €€€
Fürstlich logieren kann man auf diesem denkmalgeschützten, in einen herrlichen Park eingebetteten Herrensitz. Auf Wunsch gibt es einen Shuttle-Service mit einem Bentley S2 Standard Saloon RHD.
- Im Dorfe 8 | 18528 Klein Kubbelkow
  Tel. 0 38 38/8 22 77 77
  www.kubbelkow.de

Rugard €€
Schön und still im Grünen direkt beim Ernst-Moritz-Arndt-Turm gelegenes Hotel mit 18 komfortablen Zimmern, gutem Restaurant und Biergarten unter alten Eichen.
- Rugardweg 10 | 18528 Bergen
  Tel. 0 38 38/2 01 90 | www.rugard.de

Sagen- und Märchenhotel €–€€
Fachwerkhaus direkt am Marktplatz mit 24 individuell eingerichteten Zimmern. Das

Besondere: regelmäßig Sagen und Mär-
chenabende mit Künstlern, Literaten und
Musikern.

• Markt 28 | 18528 Bergen
  Tel. 0 38 38/2 01 06 69
  www.maerchenhotel-ruegen.de

RESTAURANT

Meyer's Kaffeehaus & Tüffelhus €€
Das kleine Café-Restaurant bietet frisch
zubereitete ausgezeichnete gutbürgerliche
Küche in angenehmem Ambiente; sehr
freundliches Personal – zurzeit die erste
Adresse in Bergen. Eine lokale Institution
ist das dazugehörige Kaffeehaus. Die einla-
dende Atmosphäre des Traditionshauses
und das leckere Kuchenbuffet, dazu eine
Kaffee- und Teevielfalt, machen den Besuch bei jedem Wetter zum Genuss.

• Dammstr. 1 | 18528 Bergen
  Tel. 0 38 38/2 23 32 | www.tueffelhus.de

BUSCHVITZ 13 ◼ E5

Das in sanftem Hügelland eingebet-
tete Dorf (240 Einw.) am Kleinen
Jasmunder Bodden mit seinen reetgedeckten Fachwerkhäusern diente
vor der Abtrennung des Kleinen
vom Großen Jasmunder Bodden
1868 der Stadt Bergen als Handels-
hafen. Heute ist er Ausgangspunkt
für Uferspaziergänge und Ausflüge
zum Naturschutzgebiet auf der
Halbinsel Pulitz. Dieses fast unberührte Fleckchen Natur mit außer-
gewöhnlicher Vogelwelt ist nur zu
Fuß zugänglich, zur Brutzeit von
Mitte Januar bis Mitte Juli jedoch
gesperrt. Auf dem Areal leben Seeadler, Höckerschwäne, Rohrdom-
meln, Kormorane und seltene
Kleinvogelarten.

RALSWIEK 14 ◼ D4

40 Höhenmeter unter den dicht bewaldeten »Schwarzen Bergen« liegen die wenigen Häuser Ralswieks
am Südende des Großen Jasmunder
Boddens. Durch die Bäume glitzert
das Meer, am Ortseingang verstärkt
eine nach schwedischem Vorbild errichtete **Holzkapelle** das Gefühl, in
eine andere Welt gerutscht zu sein.

Freizeitkapitäne treffen sich am
beschaulichen **Hafen** mit Wasser-
wanderrastplatz. Nichts kündet
mehr davon, dass dies die älteste
Siedlung Rügens ist und ein bedeu-
tender Handelsplatz war. Im 9. Jh.
reichte der Handel der slawischen
Ranen bis in den Orient, was Funde
arabischer Silbermünzen beweisen.

Malerisch zwischen Bodden und
dem auf dem Hügel thronenden
Schloss schmiegt sich die Zuschau-
ertribüne der **Naturbühne** an den
Wiesenhang, wo jeden Sommer
Ralswieks größte Attraktion zur
Aufführung kommt: die Störte-
beker-Festspiele › S. 70.

SCHLOSS RALSWIEK

Oberhalb der Freilichtbühne erhebt
sich das prachtvolle Neorenaissanceschloss Ralswiek (1893). Der
Schriftsteller und Unternehmer
Graf Hugo Sholto Douglas hatte
sich Ende des 19. Jhs. den Bau mit
Lichthof und Glasdach nach dem
Vorbild französischer Loire-Châ-
teaus errichten lassen. Heute empfängt es als elegantes Schlosshotel
Gäste. Bei der Restaurierung wurden zahlreiche Spuren Henry van
der Veldes, des berühmten Vaters

RÜGENS LEGENDÄRER PIRAT

Die Störtebeker-Festspiele in Ralswiek sind ein Sommerspektakel vor Naturkulisse

Gekaperte Koggen, große Grausamkeiten, sagenhafte Schätze: Das ist der Stoff der Geschichten um den Freibeuter Klaus Störtebeker. Vermutlich auf Gut Ruschvitz/Jasmund geboren, beginnt seine »Karriere« 1389, als die Hansestädte Rostock und Wismar eine Schwäche ihres schwedischen Lehnsherrn nutzen, um gegen ihn vorzugehen. Hierfür statten sie eine Horde wilder Abenteurer mit Kaperbriefen aus, mit dem Auftrag, nur feindliche Schiffe anzugreifen. Doch die Freibeuter kapern dann auch andere Handelsschiffe und bringen den Ostseehandel fast zum Erliegen, bis eine gut gerüstete Armee sie 1398 in die Nordsee vertreibt. 1401 nimmt eine Hamburger Flotte Störtebeker vor Helgoland gefangen. Zum Tode verurteilt schlägt Sörtebeker die Begnadigung jener mitverurteilter Kameraden vor, an denen er nach seiner Enthauptung noch vorbeilaufen kann. Scharfrichter Rosenfeld

stimmt zu und muss erleben, wie sich der kopflose Pirat tatsächlich in Bewegung setzt. Erst als Rosenfeld ihm ein Bein stellt, setzt er dem Spuk ein Ende. Den Mythos kann er allerdings nicht mehr bremsen.

STÖRTEBEKER-FESTSPIELE

Sobald der legendäre Pirat auf der Boddenbühne in Aktion tritt, übersteigt die Anzahl der Statisten die Einwohnerzahl von Ralswiek deutlich. Bis zu 9000 Zuschauer sehen allabendlich das Open-Air-Spektakel über Klaus Störtebekers Leben und Sterben, dessen krönender Abschluss ein prächtiges Feuerwerk über dem nächtlichen Bodden ist. Die Masseninszenierung nach Drehbuch von Kurt Barthel (1914–1967) hatte 1959 Premiere, wurde aber 1961 abgesetzt. Seit 1993 sind die Festspiele wieder ein Rügener Publikumsmagnet (Tel. 0 38 38/3 11 00, www.stoertebeker.de; Ende Juni bis Anf. Sept. Mo–Sa ab 20 Uhr).

des Jugendstils entdeckt. Zu Gesicht bekommt sie allerdings nur der Hotelgast. Alle anderen entschädigt ein ausgiebiger Spaziergang durch den schönen Schlosspark.

HOTEL

Schlosshotel Ralswiek €€€

4-Sterne-Superior-Hotel mit prachtvollem Interieur und gehobener Küche in Spitzenlage, inklusive großartigem Blick auf den Großen Jasmunder Bodden.

• Parkstr. 35 | 18528 Ralswiek
  Tel. 0 38 38/2 03 20
  www.schlosshotel-ralswiek.de

RAPPIN 15 ▮ D4

Rappin besitzt mit seiner erstmals im Jahr 1305 urkundlich erwähnten **St.-Andreas-Kirche** über eines der ältesten Gotteshäuser der Insel.

Von Rappin führt eine Fahrstraße zu den **Banzelvitzer Bergen** und zum einzigen Campingplatz auf Zentralrügen (mit Ferienhausanlage; 18528 Groß Banzelvitz, Tel. 0 38 38/3 12 48, www.ferienhausruegen-ostsee.net). Von hier aus geht es nur noch zu Fuß oder per Fahrrad in Richtung Liddow weiter.

LIDDOW 16 ▮ D3 UND LEBBIN 17 ▮ C3

Autofahrer erreichen die in den Großen Jasmunder Bodden hineinragenden **Halbinsel Lebbin** mit der Landzunge Liddow nur über Kluis und Neuenkirchen. Per Fahrrad geht es auch von Rappin aus. Der Weg lohnt sich in jedem Fall, denn

so hat man die wohl ursprünglichsten und einsamsten, aber auch naturräumlich schönsten Ecken der Insel erreicht. Nicht umsonst war **Liddow** und das gleichnamige **Kulturgut,** das von Neuenkirchen nur über einen hölzernen Steg über den Liddower Strom zu erreichen ist, zentraler Handlungsort der ZDF-Serie »Hallo Robbie!«. Nach acht Staffeln war 2009 Schluss mit den Robbenabenteuern, seitdem kann sich das alte Rittergut wieder seinen Gästen und Kulturveranstaltungen widmen (Tel. 03 83 09/ 8 80 20, www.rittergut-liddow.de).

Das einst nur aus einer Handvoll Häuschen bestehende, abgeschiedene Dörfchen **Vieregge** ist mit dem Bau eines Ferienparks aus unterschiedlichen, architektonisch ansprechenden Reetdachhäusern samt kleinem Jachthafen und Badestrand nun zu einem richtigen »Ferien«-Dorf herangewachsen.

GINGST 18 ▮ C5

Das Angerdorf Gingst (1500 Einw.) war bereits im Mittelalter ein Handwerkszentrum und Marktflecken. Davon zeugt der für den kleinen Ort vergleichsweise großzügig dimensionierte Marktplatz. Die Plastik »Aufbau von Gingst« erinnert an einen verheerenden Stadtbrand 1950: Durch die Katastrophe büßte die Siedlung einen Großteil ihrer historischen Bausubstanz ein.

Erhalten blieb die Backsteinkirche **St. Jacobi,** deren älteste Teile auf ca. 1300 datiert werden. An der östlichen Außenmauer ist eine

»Mordwange« aus dem 14. Jh. eingelassen. Dieser Gedenkstein soll das Sühnezeichen für einen seinerzeit hier verübten Priestermord sein. Als Besonderheit der Innenausstattung gilt die 1790 von Christian Kindt eingebaute Orgel. Wenn sie bespielt wird, setzt sich ein pausbäckiger Schnitzengel eine Posaune an die Lippen (Tel. 03 83 05/3 28; März bis Okt. Mo–Fr 8.30–16 Uhr, Orgelkonzerte Juni–Aug. jeweils Di).

HISTORISCHE HANDWERKERSTUBEN

Gegenüber der Abzweigung nach Ummanz befindet sich das Museumsgebäude-Ensemble mit orginalgetreu eingerichteten Werkstätten und einladendem Café. Die Sammlungen in den zwei schilfgedeckten Fachwerkhäusern aus dem 18. Jh. umfassen u. a. eine vollständig eingerichtete Schuhmacher- und Schneiderwerkstatt, eine Damast- und Leinenweberei, für die Gingst bekannt war, sowie eine Museumsschmiede mit Vorführungen (Karl-Marx-Str. 19/20, Tel. 03 83 05/3 04, www.historische-handwerkerstuben-gingst.de; Mai–Okt. tgl. 10 bis 17 Uhr, Nov.–April geschl.). › mehr S. 16 Punkt **25**

RÜGEN PARK

Im Rügen Park sind auf 40 000 m² rund 90 Miniaturen von berühmten Bauwerken aus allen Teilen der Welt zu bestaunen, darunter der Deutsche Reichstag, die Sydney Opera, die Chinesische Mauer und der Koloss von Rhodos. Dazu gibt es eine Riesenrutsche, Jetscooter und zahlreiche weitere Attraktionen (Mühlenstr. 22 b, Tel. 03 83 05/5 50 55; www.ruegenpark.de; April–Juni u. Sept. Di–So 10–18, Juli/Aug. tgl. 10–19, Okt. Di–So 10–17 Uhr.

Schusterwerkstatt in den historischen Handwerkerstuben in Gingst

INFO

Tourismusverein West-Rügen
- Karl-Marx-Str. 19 | 18569 Gingst
  Tel. 03 83 05/53 58 62
  www.westruegen.net

HOTEL

Hof Kranichstein €–€€
Charmantes Hotel Garni in einem reet-
gedeckten Fachwerkgehöft in idyllischer
Lage auf 6000 m² Gartengrundstück.
Wellnessbereich mit Sauna Whitlpool und
Yogaraum. Auch Yogaurlaubs- und -kurs-
angebot.
- Silenz 9 | 18569 Kluis
  Tel. 03 83 05/16 97 52
  www.hofkranichstein.de

INSEL UMMANZ 19 ▮ B4

Wer Ruhe sucht, der findet sie hier.
1901 wurde das 20 km² große, flache Eiland durch eine 250 m lange
Brücke mit Rügen verbunden. Die
Insel mitten im Nationalpark Vorpommersche Boddenlandschaft. ist
ein Paradies zur Vogelbeobachtung:
einer der wichtigsten Rastplätze Europas für Zugvögel, die sich hier in
riesigen Schwärmen einfinden. Der
Kranichzug, bei dem in den seichten Gewässern im Frühjajr und
Herbst Zehntausende dieser grazi-
len langbeinigen Vögel auf ihrem
Weg von und nach Afrika rasten, ist
ein einmaliges Naturschauspiel.

Wer gut zu Fuß ist, kann das
flache Eiland auf einem 17 km lan-
gen Weg umwandern. Die reine
Gehzeit dafür beträgt etwa 5 Std.
Als Start und Ziel bietet sich das
Fischrestaurant Holzerland an der
Brücke nach Ummanz an.

WAASE 20 ▮ B4

Der Hauptort auf Ummanz besticht
durch schöne alte Fachwerkhäuser
an der Hauptstraße. Die Dorfkirche
St. Marien mit ihrem frühgotischen
Chor besitzt eine Kostbarkeit: den
gotischen **Waaser Schnitzaltar.**
Ummanz war jahrhundertelang im
Besitz des Stralsunder Heilgeist-
Klosters. Von dort gelangte das
Kleinod 1708 in die hiesige Dorfkirche mit dem malerischen Fach-
werk-Langhaus. Das um 1520 in
Antwerpen geschaffene Triptychon
zeigt die Christuspassion sowie Sze-
nen aus dem Leben des im 12. Jh.
heilig gesprochenen englischen
Erzbischofs Thomas Becket (Tel.
03 83 05/3 28; Mai–Okt. Di–Fr 11
bis 14, Sa/So 14–15 Uhr).

4 km südwestlich von Waase beeindruckt in **Freesenort** ein nieder-
deutsches Hallenhaus (17. Jh.), die
sogenannte **Hasenburg.**

INFO

Ummanz-Information
- Neue Str. 63 | 18569 Waase
  Tel. 03 83 05/5 34 81
  www.ruegeninsel-ummanz.de
  April–Juni u. Nov. Mo–Fr 11–15, Juli–Okt.
  Mo–Fr 10–17, Dez. Mi–Fr 11–15 Uhr

HOTELS

Landhotel Kiebitzort €€
Wunderbar still im Nationalpark gelegenes
kleines Hotel (10 Zimmer) mit Restaurant
und lauschigem Biergarten. Locker im Grün
des Gartens verteilt sind 15 nette Ferien-
bungalows.
- Lieschow 26c | 18569 Lieschow
  Tel. 03 83 05/5 51 66
  www.kiebitzort-ruegen.de

Hochsaison im Hafen von Schaprode

Pension Haide Hof €–€€
Reetdachidyll direkt hinterm Deich. Gäste-
zimmer und Ferienappartements mit Koch-
gelegenheit; auch Café und Restaurant.
• 18569 Haide | Tel. 03 83 05/5 53 60
  www.haide-hof.de

RESTAURANT

Café Zuckerkuss €–€€
Ein echter Geheimtipp: In wundervoller
Lage bei Wusse gibt es im stillen Garten di-
rekt am Kubitzer Bodden selbst gebackene
Kuchen und Torten, dazu Wein, Schmuck,
Spielzeug, Blumen und Kräuter aus dem
eigenen Garten und manches mehr. Ver-
mietet auch Ferienwohnungen.
• Dorfstr. 11 | 18569 Wusse
  Tel. 03 83 05/53 71 16
  www.kubitzerbodden.de
  April–Okt. Mi–So 12–18 Uhr

TRENT 21 C3

In Trent, 1311 erstmals erwähnt,
stoppt man aus zwei Gründen. Der
erste ist die schön restaurierte We-
gekirche **St. Katharinen** an einer
Weggabelung der alten Rügener
Heringsstraße. Wenn Sie den Chor-
raum aus der Zeit um 1400, die
Spätrenaissance-Kanzel sowie den
barocken Altar mit Taufständer und
Beichtstuhl vom Stralsunder Bildhauer Michael Müller bewundert
haben, folgt der zweite Genuss: ein
Eis im **Gasthaus Fähreck.**

1 km nördlich von Trent ist das
Gutshaus Liebnitz sehenswert, ein
imposanter Backsteinbau aus dem
19. Jh., in einem Park mit Mausole-
um (nur von außen zu besichtigen).

RESTAURANT

Gasthaus Fähreck €
Serviert bodenständige Inselküche mit frischem Fisch, lecker ist das Eis. > mehr S. 14 Punkt **18**
• Dorfstr. 25 | 18569 Trent
Tel. 03 83 09/13 51 | Di–So 11–22 Uhr

SCHAPRODE 22 📖 B4

Schaprode ist das Tor zur Insel Hiddensee. Seit das »söte Länneken« als Urlaubsziel entdeckt wurde, fahren die Fähren vom Hafen Schaprode hinüber auf die autofreie Insel. Was Hiddensee so wunderbar macht, ist für Schaprode Fluch und Segen gleichermaßen. Ein Dorf lebt von Parkgebühren. Die riesigen, gebührenpflichtigen Gemeindeparkplätze reichen nicht aus, und so hat wohl jeder Schaproder seinen Vorgarten, Hinterhof oder Hühnerstall zum Parkplatz umfunktioniert. Was dazu führt, dass an Wochenenden und in der Hochsaison das eigentlich hübsche Dorf unter der Blechlawine kaum mehr zu erkennen ist.

Wer auf seine Fähre warten muss, der sollte trotzdem einen kleinen Spaziergang durch das Dorf unternehmen und die um 1200 errichtete **Dorfkirche St. Johannes** besichtigen. Besonders schön und kurzweilig kann man die Wartezeit auch auf der Terrasse von **Schillings Gasthof** › rechts verbringen und dem Kommen und Gehen im Hafen zusehen.

Vom Hafen starten saisonal **Kranichfahrten** der Reederei Hiddensee zur Zugvögelbeobachtung › S. 73, moderiert von Experten des Kranichzentrums Groß Mohrdorf.

SCHIFFFAHRT

Reederei Hiddensee
Fährverbindung nach Hiddensee > S. 130: Die Schiffe verkehren in kurzen Abständen, in der Ferienzeit zwischen 6 und 19 Uhr. Fahrradmitnahme ist aber nur auf der »MS Vitte« garantiert! Eine flexible Alternative sind die drei Wassertaxis des »Hiddensser Taxirings« für bis zu 20 Pers. nach Neuendorf oder Vitte.
• Tel. 03 83 00/2 10
www.reederei-hiddensee.de

HOTEL

Pension Villa Holm €
Kleines Frühstückspension mit sechs einfachen Zimmern und einer Ferienwohnung. Mit Terrasse, Spielplatz und kleiner Liegewiese.
• Streuer Weg 65 | 18569 Schaprode
Tel. 03 83 09/12 29
www.villa-holm.de

RESTAURANT

Schillings Gasthof €€
Familie Schilling, seit Generationen Besitzerin der Insel Öhe > S. 28, hat den legendären ehemaligen Gasthof Keil (»Eierschänke«) am Hafen zu einer Adresse für eine regionale Küche mit hohem Niveau zu reellem Preis gemacht. In dem mit Liebe zum Detail renovierten Gasthof kommt neben köstlichem Bio-Öherind aus eigener Haltung und dem frischen Fang der Hiddenseer Kutterfischer; mit kleinem Hofladen und ausgezeichneten Fischbrötchen im »Fisch-Laden«. Eine Ferienwohnung mit und zwei Zimmern im Bilderbuch-Reetdachkaten. > mehr S. 14 Punkt **16**
• Hafenweg 45 | 18569 Schaprode
Tel. 03 83 09/12 16
www.schillings-gasthof.de
www.insel-oehe.de

GRANITZ UND MÖNCHGUT

Trockenrasen schmeckt den Schafen
bei Groß Zicker auf dem Mönchgut

Rügens allerschönstes Stück findet man in Granitz und dem Mönchgut mit weiten Sandstränden, idyllischen Fischerdörfchen und traditionsreichen Ostseebädern mit prächtiger Bäderarchitektur der Belle Époque.

Nimmt man den Verkehrsstrom, der auf Rügen fließt, als Beliebtheitsbarometer, so ist schnell klar, welches die bevorzugteste Ecke der Insel ist: Ein Großteil der Besucher strebt ohne Umwege nach Osten zu den Seebädern und Superstränden der Granitz und des Mönchguts.

Tatsächlich besitzt der Südostzipfel nicht nur die größten und schönsten Seebäder und wunderbare Strände, sondern auch ausgesprochen abwechslungsreiche Natur- und Kulturlandschaften. Seien es die eindrucksvollen Steilklippen am Nordperd von Göhren, die lichtdurchfluteten Buchenwälder der Granitz, der nach Kräutern duftende Trockenrasen im Mönchgut oder die moorigen Senken um die großen und kleinen Seen, in denen seltene Orchideen blühen – der Südosten Rügens ist tatsächlich das Sahnestück der Insel. Er ist komplett als Biosphärenreservat unter Schutz gestellt. In diese wundervolle Natur eingestreut liegen romantische Fischerdörfchen wie Middelhagen mit seinem niedlichen Schulmuseum und Groß Zicker, in dem sich um die mittelalterliche Dorfkirche noch die reetgedeckten Gehöfte und Fischerkaten scharen und Auge wie Fotolinse gleichermaßen erfreuen. An der Außenküste reihen sich die Ostseebäder Binz, Göhren und Sellin mit ihrer prächtigen, schneeweiß erstrahlenden Bäderarchitektur der Belle Époque und ihren Seebrücken, wovon Sellin die wohl schönste im Land hat. Mit dem kilometerlangen sogenannten Großen Strand zwischen Thiessow und Lobbe und dem mehr als 10 km langen Strandparadies Schmale Heide bei Binz erstrecken sich hier an der windgeschützten Ostküste zwei Badeparadiese. Und als wäre das alles nicht schon für sich allein mehr als genug, dampft quer durch dieses kleine Paradies der Rasende Roland, jene lustige Schmalspurbahn, die einst Fürst Malte von Putbus erbauen ließ, um mit ihr Badegäste von seiner Residenzstadt in das soeben von ihm eröffnete Ostseebad Binz zu bringen.

Auf der Seebrücke von Göhren

TOUREN IN DER REGION

TOUR 3

RADTOUR: RUNDE GRANITZ & MÖNCHGUT

ROUTE: Binz › Granitz › Sellin › Baabe › Göhren › Lobbe › Thiessow › Klein Zicker › Alt Reddevitz › Moritzdorf › Burtevitz › Groß Stresow › Zirkow › Binz

KARTE: Seite 79
DAUER: 1 Tag, ca. 55 km
PRAKTISCHER HINWEIS:
• Die Fahrradtour kann in Binz, Sellin, Baabe, Göhren mit dem Rasenden Roland abgekürzt werden.

TOUR-START:
Vom **Ostseebad Binz** **1** › S. 80 geht es zunächst durch die herrlichen Buchenwälder der Granitz, auf deren höchstem Punkt das **Jagdschloss Granitz** **5** › S. 86 thront. Der Weg führt weiter entlang der Außenküste über **Sellin** **8** › S. 88 und **Baabe** **9** › S. 91 bis nach **Göhren** **11** › S.93, das mit den Mönchguter Museen und Großsteingräbern aufwartet. Von Göhren geht es steil abwärts nach **Lobbe** **15** › S. 97, wo der »Große Strand« zum Baden verlockt. Dieser reicht bis zum alten Lotsendorf **Thiessow** **16** › S. 97 am Südperd, das als guter Surfspot gilt. Die Straße und das Mönchgut en-

den in **Klein Zicker** **17** › S. 97. Auf dem Rückweg über das schön an der Landzunge Reddevitzer Höft gelegene **Alt Reddevitz** ist die Überfahrt mit der Ruderbootfähre vom Baaber Bollwerk nach **Moritzdorf** **10** › S. 92 ein Spaß, eine spannende Begegnung mit der Steinzeit sind die Großsteingräber bei **Burtevitz**. Wer müde ist, kann sich und sein Rad in der nahen Station Garftitz in die Schmalspurbahn verladen. Wer noch fit ist, radelt weiter über das beschauliche **Groß Stresow** (Badestellen) nach **Zirkow** **6** › S. 88 und besucht dort den Museumshof. Am Schmachter See entlang geht es dann zurück nach **Binz**.

TOUR 4

WANDERUNG: BAKENBERG & NONNENLOCH

ROUTE: Göhren › Nordperd › Lobbe › Groß Zicker › Gager › Bakenberg › Lobbe › Göhren

KARTE: Seite 79
DAUER: 1 Tag, ca. 33 km
PRAKTISCHER HINWEIS:
• Nur halb so lang ist die Strecke, wenn man am Straßenabzweig nach Gager loswandert. Dort befindet sich ein Parkplatz mit Kiosk.

TOUR-START:

Von **Göhren** 11 › S. 93 wandert man zunächst auf den **Nordperd**, an dessen Abbruchkante ein Pfad mit großartigem Meerblick verläuft. Dann geht es durch den Wald steil hinab und entlang des malerischen Naturufers bis zum Kap **Lobber Ort,** mit einer Uferschwalben-Kolonie. Ab **Lobbe** 15 › S. 97 folgt man

dem direkt hinter den Stranddünen verlaufenden Rad-/Wanderweg bis zum Abzweig nach Gager und Groß Zicker. Nächste Station ist **Groß Zicker** 13 › S. 96, ein Bilderbuch-Dörfchen mit dem Pfarrwitwenhaus als populäres Fotomotiv. Am Ende der Fahrstraße beginnt das **Zickersche Höft,** durch das ein Wanderweg (weiß-gelb-weiße Mar-

TOUREN IN DER GRANITZ UND DEM MÖNCHGUT

TOUR 3

RADTOUR: RUNDE GRANITZ UND MÖNCHGUT

Binz › Granitz › Sellin › Baabe › Göhren › Lobbe › Thiessow › Klein Zicker › Alt Reddevitz › Moritzdorf › Burtevitz › Groß Stresow › Zirkow › Binz

TOUR 4

WANDERUNG: BAKENBERG UND NONNENLOCH

Göhren › Lobbe › Groß Zicker › Gager › Bakenberg › Lobbe › Göhren

kierungen) führt. Am beschaulichen Nonnenloch versteckt sich eine hübsche Picknick- und Bademöglichkeit. Weiter geht es auf dem schmalen Saumpfad entlang des Höft-Nordufers zurück nach Gager **14** > S. 96. Und zum krönenden Abschluss steigt man hinauf auf den 66 m hohen **Bakenberg,** mit betörendem Mönchgut-Panorama.

Über Lobbe gelangt man zurück nach **Göhren.**

UNTERWEGS IN DER GRANITZ

OSTSEEBAD BINZ **1 2** F5

Binz ist ein Seebad mit großer Tradition und entsprechendem Flair. Und es ist das mit Abstand meistbesuchte Ostseebad Rügens. Der Grund ist naheliegend und misst über 10 km: Die geschützte Bucht der Prorer Wiek an Rügens Ostküste mit ihrem langen wie schönen Strand bietet einfach die Traumkulisse für den klassischen Strandurlaub, das Ostseebad mit seinen Restaurants, Cafés und den vielen kleinen Läden an der kilometerlangen Strandpromenade die perfekte Ergänzung.

Auch in den Straßenzügen hinter der trubeligen Promenade findet man Sehenswertes. Prachtvolle Villen im Stil der »Bäderarchitektur« – ein Markenzeichen von Binz – mit schneeweißen Holzbalkonen und verspielten Details bestimmen das Bild. Alles erstrahlt frisch restauriert im neuen Glanz. Die nostalgische Aura ist ansteckend – man wünscht sich einen Spazierstock und ein neckisches Strohhütchen zum Grüßen.

HAUPTSTRASSE

Das Zentrum von Binz ist nicht wie üblich der Marktplatz, sondern die schnurgerade Einkaufs- und Flaniermeile Hauptstraße, die sich in der Seebrücke fortsetzt. Dort, wo sie die Standpromenade kreuzt und das traditionsreiche Kurhaus in der ersten Reihe thront, ist der Hotspot von Binz, der zumindest in der Saison angesichts des allabendlichen Gedrängels tatsächlich einen mediterran-italienischen Einschlag hat.

MUSEUM OSTSEEBAD BINZ

Auch Binz fing einst klein an. Sein Aufstieg zum mondänen Seebad begann, als Fürst Malte 1830 am langen Strand Badekarren aufstellen ließ. Zählte man im Jahr 1880 ganze 140 Gäste, waren es 1886 bereits 2000 und 1890 immerhin schon 3500. Unterkunft fanden sie in den Villen und Logierhäusern, welche die »Actiengesellschaft Ostseebad Binz« in schneller Folge im verspielten Stil der sogenannten Bäderarchitektur errichten ließ und die den Ort bis heute prägen. Postkartenansichten und Exponate zu dieser Ära zeigt das Museum Ostseebad Binz im Kleinbahnhof. Hier kann man

Blick auf das Kurhaus und den Strand von Binz

auch die wechselvolle Vergangenheit der Seebrücke studieren (Bahnhofstr. 56, Tel. 01 78/4 40 88 11, www.museum-binz.de; Febr.–Okt. Mo–Fr 9–18, Sa/So 9–12.45 u. 13.15–17, Nov.–Jan. Mo–Fr 9–16, Sa/So 9–12.45 u. 13.15–16 Uhr).

SEEBRÜCKE

Seit 1902 ragte ein hölzerner Vorgängerbau 560 m weit ins Meer hinein, doch ein Sturm zerstörte ihn schon drei Jahre später. Zur Katastrophe mit 14 Todesopfern kam es 1912, als der (zu) fragile Neubau in der Hochsaison unter der Touristenlast zusammenbrach – ein Ereignis, das zur Gründung der Deutschen Lebens-Rettungs-Gesellschaft (DLRG) führte. Im strengen Winter 1942/43 zerstörte der Eisgang die Seebrücke erneut, die Reste des Restaurants wurden nach 1945 abgetragen. 1994 wurde schließlich die neue Seebrücke eröffnet, die trotz

fehlendem Restaurant sofort wieder zum beliebten Treffpunkt an der Strandpromenade avancierte. »Einmal hin und zurück« gehört bei jedem Wetter und für jeden Binzbesucher zum Tagesprogramm. Von der Seebrücke überblickt man den Strand in seiner gesamten Länge.

Im Sommer feiert Binz das **Seebrückenfest**, mit Unterhaltungsprogramm auf dem Kurplatz und als Höhepunkt Großfeuerwerk über der Seebrücke.

STRANDPROMENADE

Windgeschützt, feinsandig, flach abfallend und endlos lang – die **Schmale Heide** › S. 83 ist der perfekte Strand für alle. Auf mehr als 3 km begleitet die Strandpromenade dieses Badeparadies. Hier reihen sich Gästehäuser, Hotels, Restaurants und Cafés aneinander und vermitteln bei Sonnenschein mediterranes Flair.

Das Kernstück der Strandpromenade bildet der Abschnitt zwischen Kurhaus, Musikmuschel und Seebrücke. Das **Kurhaus** wurde 1906 mit Jugendstilanklängen erbaut. Prächtig renoviert und modernisiert beherbergt es heute ein 5-Sterne-Hotel › S. rechts.

IFARELAX

Sollte schlechtes Wetter die Stimmung trüben, bietet sich die 3000 m² große Freizeitlandschaft unter Glas des IFA-Ferienparks für wasserfeste Kurzweil an. Sie umfasst Läden, Gastronomie und Spielanlagen. Außerdem verspricht ein Erlebnisbad, das auf 1500 m² mit Bambus, Palmen und Wasserfällen aufwartet, exotischen Badespaß für Jung und Alt, inklusive Saunalandschaft (Strandpromenade 74, Tel. 03 83 93/9 11 30, www.ifa-ruegenhotel.com; tgl. 7.30–20 Uhr).

INFO

Kurverwaltung Ostseebad Binz
- Haus des Gastes
  Heinrich-Heine-Str. 7
  18609 Ostseebad Binz
  Tel. 03 83 93/14 81 48
  www.ostseebad-binz.de

Fremdenverkehrsverein Binz
- Wylichstr. 13
  18609 Ostseebad Binz
  Tel. 03 83 93/66 57 40
  www.gastgeber-binz.de

VERKEHRSMITTEL

Ausflugsbähnchen **Jagdschlossexpress** zum Jagdschloss Granitz › **S. 86** ab Seebrücke bis Museumsmeile Prora

(ca. 9.30–16.30 Uhr); **Proraexpress** zum Naturerbe Zentrum/KdF-Bau Prora › **S. 84**, ebenfalls ab Seebrücke bis Museumsmeile Prora (ca. 9–17.15 Uhr).
- Tel. 01 71/6 16 45 16 | Binz
  www.jagdschlossexpress.de

HOTELS

Kurhaus Binz €€€
Mondän-nostalgisches 5-Sterne-Seebadflair: Die Lage des dreiflügeligen Traditionshotels im Ensemble mit Seebrücke und Konzertmuschel ist einmalig.
- Strandpromenade 27 | Binz
  Tel. 03 83 93/66 50
  www.travelcharme.com/hotels/
  kurhaus-binz

Strandhotel Binz €€€
Renoviertes Bäderarchitektur-Kleinod an der Promenade, mit empfehlenswertem Hotelrestaurant »Fischmarkt«.
- Strandpromenade 33 | Binz
  Tel. 03 83 93/38 10
  www.strandhotel-binz.de

Haus Colmsee €€
Pension in einem schönen, renovierten Haus von 1902 in einmaliger Alleinlage zwischen Strand und Wald. Zimmer vorwiegend mit Meerblick.
- Strandpromenade 8 | Binz
  Tel. 03 83 93/2 14 25
  www.hauscolmsee.de

Zur Promenade €€
10 DZ und 6 EZ in einem Schmuckstück der Bäderarchitektur direkt an der Strandpromenade mit Traumblick auf Seebrücke und Meer.
- Strandpromenade 46 | Binz
  Tel. 03 83 93/27 42
  www.hotel-zur-promenade.de

RESTAURANTS

Rugard's Restaurants
Gourmet & Königsstuhl €€–€€€
Ein gläserner Aufzug führt in die kulinarischen Paradiese im Strandhotel Rugard: Im 5. Stock das feine Top-Restaurant »Rugard's« mit Blick auf die Binzer Bucht, im 6. das Restaurant »Königsstuhl« mit Freiterrasse und Fernblick.
• Strandpromenade 62 | Binz
   Tel. 03 83 93/5 60
   www.rugard-strandhotel.de

Strandhalle Binz €€
Toni Münsterteichers Bart ist auf der Insel so bekannt wie seine nostalgisch-charmante Strandhalle, in der der Chef noch selbst kocht. Das Motto lautet »Feinbürgerliche Küche, großbürgerliche Portionen, kleinbürgerliche Preise«.
• Strandpromenade 5 | Binz
   Tel. 03 83 93/3 15 64
   www.strandhalle-binz.de

Freustil €€–€€€
Das vom »Feinschmecker« zum besten Restaurant Rügens gekürte Lokal überzeugt mit einer fantasievollen Küche mit skandinavischem Einschlag.
• Zeppelinstr. 8 | Binz
   Tel. 03 83 93/5 04 44
   www.freustil.de

NIGHTLIFE

Sea Lounge
Cocktailbar und Vinothek mit rund 50 Weinen im Angebot, davon die Hälfte im offenen Ausschank. Großzügige Außenterrasse mit Meerblick.
• Strandpromenade 48 | Binz
   Tel. 03 83 93/12 06 00
   www.restaurant-caprice.de
   Im Sommer tgl. 12–0 Uhr

EINKAUFEN

Fischräucherei Kuse
Jürgen Kuse ist der letzte echte Fischer von Binz. Was ihm am Morgen ins Netz geht, gibt es ab 9 Uhr in seiner Fischerstube am Fischerstrand, wo sein Fisch auch geräuchert und gesalzen wird.
• Strandpromenade 3 | Binz
   Tel. 03 83 93/29 70

Galerie Jahreszeiten
Wer es mit den schönen Künsten hält, dem sei diese Galerie mit ihren Werken von Rügener Künstlern empfohlen.
• Margaretenstr. 20 | Binz
   Tel. 03 83 93/43 63 12
   www.galerie-jahreszeiten.de

Narren-Keramik
Fantasievolle »Narren«-Keramik bei der Künstlerin Kathrin Grünke.
• Margaretenstr. 22 | Binz
   Tel. 03 83 93/4 38 77
   www.narrenkeramik.de

Galerie wellenKÜNST
Ausgewähltes Kunsthandwerk aus dem gesamten Ostseeraum.
• Margaretenstr.18 | Binz
   Tel. 01 72/2 79 16 53

SCHMALE HEIDE ② ⭐3 ▯ E/F 4/5

Nördlich des Osteebades Binz beginnt die Schmale Heide, die sich über Prora bis Mukran erstreckt. Die Nehrung mit dem schönsten Strand Rügens und lichten alten Kiefernbeständen bildete sich durch permanente Schwemmsandablagerung und trennt den einst hier mit

Am feinsandigen Naturstrand von Prora

der Ostsee verbundenen Kleinen Jasmunder Bodden von der Prorer Wiek. Gleichzeitig bildet sie die Verbindung zwischen der Halbinsel Jasmund und der Hauptinsel. Entlang der gesamten Länge der Nehrung erstreckt sich ein herrlicher 10 km langer und wunderbar breiter, flach abfallender Sandstrand.

PRORA 3 F4/5

Von der Schönheit der Schmalen Heide ließ sich bereits die Nazi-Organisation »Kraft durch Freude« (KdF) überzeugen. 1936 begann sie, hier die erste von fünf geplanten Ferienfabriken zu errichten – ein riesiges Gebäude, in dem gleichzeitig 20 000 Volksgenossen entspannen sollten: das Seebad Prora.

Jüngste Attraktion in Prora ist das **Naturerbe Zentrum Rügen.** Besuchermagnet ist neben diversen Ausstellungen, Führungen und Veranstaltungen der spektakuläre

1250 m lange **Baumwipfelpfad,** der in bis zu 20 m Höhe durch die Baumkronen führt und vom »Adlerhorst«, dem höchsten Punkt aus 82 m Höhe eine einfach umwerfende Aussicht bietet (Forsthaus Prora 1, Tel. 03 83 93/66 22 00, www. baumwipfelpfade.de/nezr; Mai bis Sept. tgl. 9.30–19.30, April/Okt. 9.30–17.30, Nov.–März 9.30 bis 16.30 Uhr). › mehr S. 12 Punkt 4

Über die wechselvolle Geschichte des Monumentalbauwerks informiert das **Dokumentationszentrum Prora** (Strandstr. 74, Tel. 03 83 93/ 1 39 91, www.proradok.de; Mai bis Aug. tgl. 9.30–19, März–April u. Sept–Okt. 10–18, Febr. 10–17, Jan./ Nov. 10–16 Uhr, Führungen tgl. 11.15, Mai–Okt. zus. 14 Uhr).

Ab 2004 verkaufte der Bund einen Großteil der Anlage an diverse Investoren Nun herrscht auf Prora Goldgräberstimmung. Das Hotel Prora Solitaire mit 100 Ferienwohnungen, Spa und Restaurants ist fertiggestellt, die 270 neuen Wohnungen der Prora Vermögensverwaltungs GmbH sind trotz saftigen Preisen verkauft. Ständig werden neue Wohnungen bezugsfertig und finden trotz Quadratmeterpreisen von 3000 bis 7000 € sofort Käufer.

Die KulturKunststatt Prora musste leider schließen. Attraktionen auf Prora sind noch das **Oldtimermuseum** am Bahnhof Prora mit motorisierten Raritäten (Proraer Allee 119, www.etm-ruegen.de; April–Okt. tgl. 10-17 Uhr) und die **Galileo Wissenswelt** mit Bio- und Technikexponaten zum Anfassen (Prorarer Chaussee 59b, www.experimenta-ruegen.de; tgl. 10–17, Juli/Aug. 10–18 Uhr).

In der Nähe kann man im **Seilgarten Prora** Parcours mit unterschiedlicher Schwierigkeit klettern (Strandstr. 82, Tel. 01 73/7 20 29 31, www.seilgarten-prora.de; Di–So März–Mai u. Sept.–Nov. 11–17, Juni–Aug. 10–18 Uhr).

FEUERSTEINFELDER BEI NEU MUKRAN 4 ▮ E4

Ein nicht alltägliches Erlebnis sind die Feuersteinfelder am Ende der Schmalen Heide vor Neu Mukran › S. 102. Ein 3,8 km langer Wanderweg zu der geologischen Sehenswürdigkeit beginnt am Parkplatz links hinter dem Ortseingangsschild. 14 ein Meter hohe Wälle aus grauen Feuersteinen bedecken hier eine Fläche von 5 km². Die als Naturschutzgebiet ausgewiesenen Geröllwälle sind einmalig in Europa. Vermutlich spülten Sturmfluten

TOP-BADESTRÄNDE

- **Schmale Heide:** Rügens Badeparadies Nummer eins wartet mit einem über 10 km breiten Sandstrand sowie einem Dünengürtel und lichtem, schattenspendendem Kiefernwald gleich dahinter auf. › S. 83
- **Der Große Strand:** Nicht von ungefähr nennt man das Sandband von Lobbe bis zur Südspitze des Mönchguts so. Durch einen Kiefernwaldstreifen und Dünengürtel gut gegen kühle Westwinde geschützt. Auch bei FKK-Freunden sehr beliebt. › S. 97
- **Bakenberg/Nonnevitz:** Abseits der Besucherströme und verborgen hinter einem Kiefernwald zieht es hierher v. a. naturverbundene Urlauber und Freunde des nahtlosen Bräunens. Windschutz nicht vergessen! › S. 115
- **Schaabe:** Ebenfalls über 10 km lang ist der Strand der ursprünglichen, weniger besuchten »wilden Schwester« der Schmalen Heide. Relativ ungeschützt zur See hin zwischen Wittow und Jasmund gelegen sind Wind und Wellengang stärker. › S. 116
- **Hiddensee:** Fast so lang wie die ganze Insel ist der Sandstrand an der Außenküste. Vom Dornbusch bei Kloster bis zum gesperrten Vogelschutzgebiet Gellen zieht sich sein goldenes Band, an dem einst FKK »erfunden« wurde und bis heute angesagt ist. › S. 128

glaziale Sedimente auf, als der Ostseespiegel vor 4000 Jahren noch um etwa einen Meter höher stand. Große Teile des Areals sind inzwischen überwuchert, um Bereiche ohne größeren Bewuchs zu erhalten, wurden Mufflons ausgewildert.

JAGDSCHLOSS GRANITZ 5 ⭐ 📖 F6

Granitz nennt man das sanft gewellte, waldreiche Gebiet zwischen Binz und Lancken-Granitz. Höchste Erhebung ist hier der **Tempelberg,** auf dessen höchstem Punkt (107 m) inmitten von schönen Buchenwaldbeständen das **Jagdschloss Granitz** thront (Tel. 03 83 93/66 71 87 64, www.jagdschloss-granitz.de; Jan. bis März u. Sept.–Okt. Di–So 10–16, April u. Okt. tgl. 10–17, Mai–Sept. 10–18 Uhr).

JAGDSCHLOSS

Das Jagdschloss ist – wie so vieles andere auf Rügen – ein Werk von Wilhelm Malte I. Der Fürst beauftragte keinen Geringeren als Karl Friedrich Schinkel, und nach dessen Konzept entstand das Anwesen mit Aussichtsturm im Innengeviert. 1846 lud der Hausherr zur ersten Jagdgesellschaft ins neue Domizil. Nach dem Brand des Familiensitzes in Putbus bezog die Fürstenfamilie die Räumlichkeiten sogar vorübergehend als Hauptwohnsitz (1865 bis 1874), was den Einbau einer Warmluftheizung notwendig machte.

1945 wurde die kostbare Inneneinrichtung von der Roten Armee zum Teil geplündert und zum Teil zerstört. Nach umfangreichen Rekonstruktionsmaßnahmen sind seit 1994 die Erdgeschossräume wieder als Jagdmuseum zugänglich. Beim Rundgang durch die herrschaftli-

---

💬 **BIOSPHÄRENRESERVAT SÜDOST-RÜGEN**

1805 zog Johann Jakob Grümbke in seinen »Streifzügen durch das Rügenland« eine imaginäre Linie von Putbus über Zirkow nach Prora und behauptete: »Was jenseits derselben ostwärts liegt, ist das wahre Paradies von Rügen.« Diese Ansicht teilt wohl auch die UNESCO, denn 1991 erklärte sie die Küstenlandschaft Südost-Rügens mit Mönchgut, Granitz, der Umgebung von Putbus und dem Rügischen Bodden einschließlich der Insel Vilm zum Biosphärenreservat. 15 solcher Schutzgebiete gibt es in Deutschland. Diese haben wie Nationalparks Schutzzonen, jedoch sind diese besiedelte Kulturlandschaften mit gewachsenem Wirtschaftsleben. Auch in Südost-Rügen wird eine nachhaltige Regionalentwicklung im Sinn der Agenda 21 modellhaft gefördert. Schutz, Pflege und Entwicklung sind die Ziele, um die Existenzgrundlage der Bevölkerung im Einklang mit der Natur zu erhalten.

Mehr über das Biosphärenreservat erfährt man im **Informationszentrum Granitzhaus** am Fuß des Jagdschlosses, das auch Rangerführungen anbietet (Tel. 03 83 01/8 82 90, www.biosphaerenreservat-suedostruegen.de).

Fürst Wilhelm Malte zu Putbus war der Hausherr des Jagdschlosses Granitz

chen Gemächer besticht vor allem der Marmorsaal mit seinem raumhohen klassizistischen Kamin.

AUSSICHTSTURM

Die Hauptattraktion von Schloss Granitz ist der 38 m hohe Aussichtsturm. Sein Inneres wird nicht durch Geschossdecken unterteilt, der Blick wandert frei bis zur Spitze. An der Wand schraubt sich eine gusseiserne Wendeltreppe in die Höhe. Die Ersteigung der 154 Stufen erhält zusätzlichen Reiz und Kitzel durch die filigrane durchbrochene Ausführung der Treppenstufen, die den Blick nach unten freigeben – nichts Besucher, die nicht schwindelfrei sind. Auf der Aussichtsplattform belohnt die grandiose Rundumsicht für die Mühen des Aufstiegs.

VERKEHRSMITTEL

Die Zufahrtswege zum Schloss sind für Kfz gesperrt. Besucher erreichen das Jagdschloss entweder mit dem **Rasenden Roland** › S. 150, zu Fuß, per Rad oder mit dem **Jagdschlossexpress** › S. 82, einem Elektrobähnchen ab der Binzer Seebrücke. › mehr S. 12 Punkt ❶ Autofahrer können am Parkplatz »Binz Ost« zusteigen. Bei Anfahrt mit dem Rasenden Roland wählt man die Stationen »Garftitz« oder »Jagdschloss« (Fußweg zum Schloss in jeweils 20 Min., mit relativ steilem Anstieg).

RESTAURANT

Alte Brennerei €€
Nach der Schlossbesichtigung bieten sich das Wirtshaus im Jagdschloss mit seinem urigem Gewölbekeller und Terrasse im Schlosshof zur Einkehr an.
● Tel. 03 83 93/3 28 72
www.alte-brennerei.com

ZIRKOW 6 ▌ E5

In dem kleinen Dorf nahe der Hauptstraße zwischen Bergen und Binz lohnt der hübsche **Museumshof Zirkow** eine Besichtigung. Dabei handelt es sich um ein originalgetreu rekonstruiertes und eingerichtete Gehöft von 1727, einen Besuch (Binzer Str. 43a, Tel. 03 83 93/3 28 24, März–Okt. Mi bis Fr 10–14 Uhr).

2 km südlich von Zirkow wartet das **Cable Park Wassersportcentrum** auf Wakeboard- und Wasserski-Fans, die hier auf einem 700 m langen Baggersee-Rundkurs ihrer Leidenschaft frönen können (Tel. 03 83 93/13 14 70, www.wasserski ruegen.de; Juni–Aug. tgl. 11 Uhr bis Sonnenuntergang, April–Mai u. Sept.–Okt. bei Wassertemperatur über 14 °C). › mehr S. 13 Punkt ❼

LANCKEN-GRANITZ 7 ▌ F6

Der Ort an der B 196 besitzt eine sehenswerte Dorfkirche aus Backsteinen und Findlingen, die im 15. Jh. erbaut wurde. Die größere Sehenswürdigkeit ist jedoch eine Gruppe von gleich sieben dicht beieinander liegenden steinzeitlichen **Großsteingräbern.** Die Grabanlagen sind unterschiedlicher Bauart und unterschiedlich gut erhalten. Sie liegen im freien Feld meist zu Füßen eines Baumes oder in einer Baumgruppe und sind vom Parkplatz an der Straße nach Gobbin über einen Fußpfad zu erreichen.

OSTSEEBAD SELLIN 8 ▌ G6

Am östlichen Rand der Granitz liegt das Ostseebad Sellin (2500 Einw.). Die Keimzelle des einstigen Fischerdörfchens lag meerabgewandt am gleichnamigen See. Nach dem Anschluss an die Kleinbahn 1895 wandelte sich das Dorf zum Badeort, in seinen Anfängen war er eher ein Familien- als ein mondänes Urlaubsziel. Sellins Aushängeschild und Repräsentiermeile ist die **Wilhelmstraße** mit ihrem weitgehend geschlossenen Ensemble prachtvoller historischer Gebäude in klassischer Bäderarchitektur. Die sanft ansteigende Verbindung zwischen dem alten Fischerdorf und der Ostseeküste ist Sellins Schlagader. Sie endet auf einem Platz hoch über dem Strand und vor der bildschönen, nach altem Vorbild neu errichteten Seebrücke.

SEEBRÜCKE ❹

Die 394 m lange Seebrücke, mehrfach durch Sturmfluten und Eisgang völlig zerstört, wurde 1998 nach dem historischen Vorbild von 1927 mit Palmengarten und Kaiserpavillon neu eröffnet. Um zur Seebrücke und zum Strand zu gelangen, muss man die 99 Stufen der hölzernen **Himmelsleiter** hinabsteigen, parallel dazu fährt ein Aufzug. Bei der Badeplatzwahl ist übrigens zu beachten, dass das Steilufer zwar malerisch ist, es aber den Nachteil hat, dass der Hauptstrand an der Seebrücke ab dem späten

Nachmittag im Schatten liegt. Ganztags sonnig ist der Südstrand.

Am Ende der Seebrücke kann man mit der kuppelförmigen **Tauchgondel** trockenen Fußes an den Meeresgrund absinken, dazu gibt es Erklärungen zur Ostseefauna und -flora (Tel. 03 83 03/9 27 77, www.tauchgondel.de; Juni–Aug. tgl. 10–21, April–Mai u. Sept.–Okt. tgl. 10–19, Nov.–März Mi–So 11 bis 16 Uhr, Tauchfahrt 30–40 Min.).

MUSEEN

Im kleinen **Bernsteinmuseum** am Südende der Wilhelmstraße kann man Entstehung und Verarbeitung vom »Gold der Ostsee« studieren und handgefertigten Schmuck kaufen (Granitzer Str. 43, Tel. 03 83 03/ 8 72 79, www.bernsteinmuseumsellin.de; Juni–Sept. Mo–Fr 10–13 u. 14–17, Okt.–Mai 10–12 u. 14–17, Sa ganzj. 10–12 Uhr).

Am Ufer des Selliner Sees berichtet das **Museum Seefahrerhaus** vom einstigen Alltag der Fischer und Seeleute (Seestr 17, Tel. 03 83 03/37 11 05; Mai–Okt. Di–So 10–16, Jan.–April Di–Sa 10–16 Uhr Eintritt frei).

Im Ortsteil Altensien kann man im Mühlenpark zusehen, wie die originalgetreu rekonstruierte kleine **Bockwindmühle** Korn zu Mehl mahlt und das daraus im Holzofen gebackene Brot kosten und kaufen. Dazu trägt der Ortschronist Geschichten und Anekdoten vor (Mitte Juni–Mitte Sept. Do ab 13 Uhr)

AHOI RÜGEN

Das Erlebnisbad lockt mit Abenteuerbecken, Wildwasserkanal und »Black-Hole«-Rutsche, Whirlpools, Warmwasser- und Kinderbecken. Außerdem gibt es eine Sauna- und Wellnesslandschaft mit sechs ver-

Die Seebrücke von Sellin wurde nach historischem Vorbild neu errichtet

schiedenen Themensaunen (Bad-str. 1, Tel. 03 83 03/12 30, www. ahoi-ruegen-com; März–Okt. tgl. 10–22, Nov.–Febr. 14–21 Uhr).

INFO

Kurverwaltung Sellin
- Warmbadstr. 4
  18586 Ostseebad Sellin
  Tel. 03 83 03/1 60
  www.ostseebad-sellin.de

HOTELS

Hotel Bernstein €€€
Der Logenplatz von Sellin: Die Aussicht auf den Ort, die Seebrücke und die See ist herrlich, Restaurant und Service sind sehr gut, die Zimmer großzügig und gediegen und die Ausstattung mit Ambra-Spa-Wellnessbereich und Indoor-Pool 4-sternig.
- Hochuferpromenade 8 | Sellin
  Tel. 03 83 03/17 17
  www.hotel-bernstein.de

Hotel Moritzdorf €€–€€€
Kleines Hotel in einem typischen Reetdach-Ensemble in stiller Alleinlage und herrlicher Sicht über Having und auf die Hügel des Mönchguts.
- Moritzdorf 15 | Sellin
  Tel. 03 83 03/1 86
  www.hotel-moritzdorf.de

Villa Elisabeth €€
Prachtvolle Bäderstil-Villa mit schöner Restaurant-Terrasse und Hausbibliothek.
- Wilhelmstr. 40 | Sellin
  Tel. 03 83 03/8 70 44
  www.hotel-elisabeth-sellin.de

RESTAURANTS

Minerva €€
In Rügens kleinstem Gasthof mit Regional-küche haben maximal 12 Personen Platz. Im Sommer idyllischer Biergarten mit Fisch-Räucherofen.
- Granitzer Str. 4 | Sellin
  Tel. 03 83 03/8 66 34
  www.gasthof-minerva.de

Kleine Melodie €€
Die Lage, die Lage! Großartiger Blick von der großen Terrasse und tollem Biergarten auf die Küstenlinie und das Meer.
- Hauptstr. 1b | Sellin
  Tel. 03 83 03/8 56 16
  www.kleinemelodie.net

EINKAUFEN

Galerie Hartwich
Ausstellung deutscher und skandinavischer Künstler.
- Schulstr. 5 | Sellin | Tel. 01 74/9 47 54 24
  www.galerie-hartwich.de
  Do–Sa 15–19 Uhr

UNTERWEGS IM MÖNCHGUT ⭐

Fährt ein Bewohner des Mönchguts nach Binz zum Einkaufen, meldet er sich wie folgt ab: »Ich fahr' nach Rügen!« Schon hier wird deutlich: Die Halbinsel im äußeren Osten der Insel ist ein Spezialfall. Mit ihren sanften Hügeln, Bodden, zerklüfteten Rändern und Sandstränden wirkt sie wie ein Miniatur-Rügen. Bis zur Reformation war die Gegend in den Händen des Zisterzienserordens.

Die B 196 verläuft hinter Sellin parallel zu den Gleisen der Kleinbahn. Kurz vor dem Baaber Ortsschild zieht sich ein baumbestandener Wall mit Graben von der Ostsee bis zum Bodden quer durch die hier nur schmale Landbrücke – der **Mönchgraben.** Die einst von den Mönchen angelegte Grenze zwischen Mönchgut und dem übrigen Rügen wird heute durch ein großes hölzernes Eingangstor markiert. Jahrhundertelang war der Wassergraben auch eine kulturelle und ideologische Grenze. 1252 verkaufte der slawische Rügenfürst Jaromar II. das Land um Reddevitz an das Zisterzienserkloster Eldena bei Greifswald. Bis 1316 erwarben die Mönche allmählich die gesamte Halbinsel und besiedelten ihr »Mönchgut« ausschließlich mit Niedersachsen, die ihre Hagendörfer nach heimischem Vorbild bauten und ihr Brauchtum pflegten – zu einer Zeit, da die übrigen Rüganer noch vornehmlich slawisch waren.

Strenge Vorschriften beschränkten die Kontakte der Mönchguter mit der Hauptinsel. Die Handelsbeziehungen über die Grenzen der Enklave hinaus mussten vom Kloster genehmigt werden. Erst nach der Reformation lockerte sich die Isolation. Trotzdem blieben die Mönchguter ein Völkchen für sich. »Das Zeug zu ihren Kleidungen spinnen, weben und färben sie selbst, teils aus Sparsamkeit, teils aus Besorgnis, dass es anderswo nicht ganz nach ihrer Mode bereitet werden möchte«, berichtet Johann Jakob Grümbke 1805 in seinem Buch »Streifzüge

durch das Rügenland«. Der sprichwörtliche Fleiß der Mönchguter befremdete die übrigen Rüganer. Grümbke kam sogar zu dem Schluss: »Von Eigennutz und Gewinnsucht kann man sie nicht freisprechen«. Ihre Eigentümlichkeiten haben die Bewohner des Mönchgut bis heute bewahrt. So stehen Brauchtum und Pflege volkstümlicher Traditionen hier höher im Kurs als in anderen Teilen der Insel.

Das gesamte Mönchgut ist dank seiner einzigartigen Kultur- und Naturlandschaft Teil des Biosphärenreservats Südost-Rügen ▶ S. 86.

OSTSEEBAD
BAABE 9 ◾ G6

Wie Sellin hat auch Baabe (850 Einw.) eine Bodden- und eine Meerseite. Das kleine Ostseebad besitzt mit seiner **Strandstraße** eine echte Renommiermeile, zwei Fahrbahnen breit und mit schmuck begrünter Mittelallee. Trotzdem ist der Ort aber ein dörflich-ruhiges Familienziel. Der lange, feinsandige Strand fällt flach ab – ideal auch für Kleinkinder – und liegt windgeschützt eingebettet zwischen Dünen und schattigem Küstenwald.

Baabes Binnenseite liegt am **Selliner See.** Dieser hat allerdings auch Salzwasser, denn er ist durch den schmalen Wasserarm Baaber Bek mit der tief eingeschnittenen Ostseebucht Having verbunden. Vom Dorf führt eine kleine Straße durch Uferwiesen zum Bollwerk ▶ S. 92 (1 km), wo sich der Hafen befindet.

»Fährmann, hol över« – mit der Glocke ruft man die Baaber Ruderbootfähre

INFO
Kurverwaltung Ostseebad Baabe
• Haus des Gastes | Am Kurpark 9
  18586 Ostseebad Baabe
  Tel. 03 83 03/14 20 | www.baabe.de

HOTEL
Familienhotel Villa Sano €€–€€€
Das Hotel mit Halbpension ist ganz auf Kinder eingestellt: Einige Zimmer sind durch Verbindungstüren variabel, Kinderbetreuung gibt es in der »Villa Kunterbunt«, Wellness für die Eltern im »Sanomare«.
• Strandstr. 12–14 | Baabe
  Tel. 03 83 03/1 26 60 | www.villasano.de

RESTAURANT
Aalkate €€
Auf den Tisch kommt, was Küstenfischer Benno Mundt an Land zieht. Auch Direktverkauf von Frisch- und Räucherfisch.
> mehr S. 15 Punkt **22**
• Am Aalkaten 14 | Baabe
  Tel. 03 83 03/8 75 40
  www.aalkate-baabe.de

MORITZDORF **10**  F6

Am **Baaber Bollwerk** besorgt seit 1891 Rügens letzte Ruderbootfähre auf Klingelzeichen (Tel. 01 74/ 3 20 88 04; tgl. 9–20, in der Saison bis mind. 21 Uhr, 1 € pro Person bzw. Fahrrad) das kurze Übersetzen über die Baaber Bek nach Moritzdorf (80 Einw.). Das idyllische, denkmalgeschützte Zeilendorf am Fuß eines Steilufers ist sonst nur ab Sellin auf einer schmalen Straße mit Ausweichstellen erreichbar.

Am südlichen Dorfende geht der Weg in einen Trampelpfad über, der wiederum an einer steilen, 37 m hohen Holztreppe mit 200 Stufen endet. Sie führt hinauf zur **Moritzburg,** einem Ausflugslokal mit über 100-jähriger Tradition sowie einer Panoramaterrasse mit herrlichem Blick über Having und nördliches Mönchgut. Tipp: Falls Sie erst bei Dämmerung oder Dunkelheit zurückkehren, nehmen Sie für den Abstieg eine Taschenlampe mit!

OSTSEEBAD GÖHREN **11** 📱 G6

Göhren (1200 Einw.) ist der größte Ort des Mönchguts. Hier endet die Schmalspurbahn, hier markiert das **Nordperd**, eine weit ins Meer vorspringende schmale Landzunge, den östlichsten Punkt der Insel. Auch in Göhren wurde viel restauriert – drei Viertel der Bausubstanz sind im Stil der alten Bäderarchitektur wiedererstanden, Neubauten gliedern sich meist harmonisch ein.

Göhrens Lage am »Horn von Rügen« bietet Platz für einen Nord- und einen Südstrand, beide sind zusammen 7 km lang. Der Nordstrand mit Kurpark und Kurpavillon sowie Sportmöglichkeiten, einer Seebrücke und einer Strandpromenade ist belebter. Weltrekord ist der größte Findling im gesamten Ostseeraum: Der **Buskam** (slawisch *bogis kamien* für »Gottesstein«) vor dem Nordstrand hat ein Volumen von 600 m³ und wiegt 1626 t. Früher pflegten komplette Hochzeitsgesellschaften auf seiner glatten Oberfläche zu tanzen. Meist ist aber der größte Teil des Steins überflutet.

GROSSSTEINGRÄBER

Wer sich für Rügens Frühgeschichte interessiert, der findet hinter der Göhrener Kirche den **Speckbusch**, ein 3000 Jahre altes Großsteingrab. Noch älter – ca. 4300 Jahre – ist das **Herzogsgrab**. Archäologen fanden in dem erst 1920 entdeckten Monument aus der Jungsteinzeit 40 Skelette und zahlreiche Grabbeigaben (Anfahrt: auf der B 196 ca. 3 km Richtung Baabe, Abzw. Richtung Middelhagen, am Steilhang im Wald Weg nach rechts).

MÖNCHGUTER MUSEEN

Göhren verleugnet seine Vergangenheit als Fischerdorf nicht. Neben prächtigen Villen lassen sich rohrgedeckte Katen und Fischerhäuser entdecken.

Nach Jahren der Umstrukturierung und Sanierung haben nun auch wieder zwei Standorte der Mönchguter Museen geöffnet.

Das im ehemaligen Lotsenhaus untergebrachte **Heimatmuseum** illustriert, frisch saniert und um einen Anbau erweitert, die Geschichte des Mönchguts und Göhrens und zeigt eine Sammlung Pommerscher und Mönchguter Trachten (Strandstr 1, Tel. 03 83 08/89 40 47, www. moenchguter-museen.de; 23.4. bis 29.10. Mo u. Mi 10–16 Uhr)

Ganz in der Nähe steht das **Rookhus** (Rauchhaus). Das um 1700 erbaute schornsteinlose Fischer- und Kleinbauernhaus ist ein typisches Beispiel früherer Wohnverhältnisse der Mönchguter Fischerbauern (Thiessower Str. 7; 9.5.–24.10. Mi 14–17, 11.5.–26.10. zusätzl. Fr 10 bis 16 Uhr).

HOTELS

Hotel Hanseatic Rügen & Villen €€€

Das erste Haus am Platz auf dem höchsten Punkt (80 m) des Ortes auf einer Landzunge. Nicht versäumen: den 26 m hohen, für alle geöffneten Turm zu besteigen. In der 4. Etage lädt das kleine »Turmcafé« ein, darüber schweift vom Aussichtsraum der Blick über halb Rügen. Das Hotel mit seinen 130 Zimmern, Studios und Suiten in den Villen »Felicitas« und »Fortuna« bietet auch eine exklusive Wellnesswelt, Beautystudio, Spa und Physiotherapie.

• Nordperdstr. 2 | Göhren
  Tel. 03 83 08/5 15
  www.hotel-hanseatic.de

Travel Charme Nordperd & Villen Göhren €€€

Ruhig und idyllisch auf dem Hochufer. Mehrfach ausgezeichnete Küche, Wellness- und Beautyangebot.

• Nordperdstr. 11 | Göhren
  Tel. 03 83 08/70
  www.travelcharme.com

Pension Kastanienhof €–€€

Charmante Bädervilla umgeben von liebevoll gestaltetem Garten mit Liegewiese und Grillplatz. Alle Zimmer mit Balkon oder Terrasse.

• Neue Kirchstr. 3 | Göhren
  Tel. 03 83 08/2 50 49
  www.pension-kastanienhof.de

Pension Waldeck €

Preiswerte familiäre Pension mit 15 Zimmern in ruhiger Lage 10 Min. vom Zentrum und Strand. Mit Garten, Terrasse und gemütlichem Kaminzimmer.

• Gerhart-Hauptmann-Str. 4 | Göhren
  Tel. 03 83 08/2 50 93
  www.waldeck-goehren.de

RESTAURANTS

Caprice €€

In dem Restaurant wird europäische Küche mit mediterranem und regionalem Einfluss sowie Kaffee und Kuchen serviert. Mit gemütlicher Terrasse.

• Thiessower Str. 32 | Göhren
  Tel. 03 83 08/2 53 07

Kapitänsklause €€

Kleines aber feines Restaurant! Ob Fisch oder Fleisch, alles ist sehr sehr lecker. Besser Tisch reservieren!

• Lindenstr. 1 | Göhren
  Tel. 0 15 12/5 25 19 55

Strandhaus 1 €€

Etwas versteckt über dem Strand gelegen, lockt das Traditionshaus mit einer Freiterrasse und einer überdachten, von der man bei herrlichem Blick über die Dünen auf Strand und Meer auch bei Regen regionale und saisonale Küche, Kaffee und Kuchen genießen kann.

• Nordstrand 1 | Göhren
  Tel. 03 83 08/2 50 97
  www.strandhaus1.de

MIDDELHAGEN 12 ▮ G6

Zwischen Baabe und Göhren zweigt die Zufahrtsstraße zum südlichen Mönchgut ab. Die Straße schraubt sich kurz aber steil in Serpentinen einen dicht bewaldeten Hang hinauf und mündet in einen Hohlweg. Da wechselt erneut die Szenerie: Es öffnet sich die vertraut flache Feldlandschaft, durchkreuzt von einer langen Allee bis nach Middelhagen (600 Einw.).

Dessen Dorfkirche **St. Katharina** von wurde um 1430 von den

Eldenaer Klostermönchen gebaut und besitzt den ältesten erhaltenen Holzaltar auf Rügen.

Im einstigen Küsterhaus, einem Lehmfachwerkbau aus dem 15. Jh. vor der Kirche, befindet sich das **Schulmuseum** in einer einklassigen Volksschule von 1825 mit alten Schulbänken nebst Rohrstock und Schiefertafel und der Wohnung des Dorfschullehrers. Die Zwergschule war noch bis 1962 in Betrieb. Heute können Besucher in historische Schulstunden den harten Schulalltag von früher nacherleben (Tel. 03 83 08/24 78; Mai u. Sept.–Okt. Di–So 10–16, Schulstd. Mi 10 Uhr, Juni–Aug. 10–17, Schulstd. Di u. Mi 10 Uhr).

Das Ensemble aus Kirche und Dorfschule komplettiert ein historisches **Hallenhaus** aus dem 17. Jh. mit Wohn-, Stall und Scheunenbereich, in dem eine Ausstellung zu Landwirtschaft und Fischerei zu sehen ist (Öffnungszeiten entsprechend dem Schulmuseum).

Die mittelalterliche Katharinenkirche in Middelhagen

INFO

Kurverwaltung Mönchgut
- Dorfstr. 4 | 18586 Middelhagen
  Tel. 03 83 08/6 60 10
  www.mein-moenchgut.de

RESTAURANT

Kliesow's Reuse €€
Im romantischen Scheunenambiente eines weit über 400 Jahre alten Bauernhofes werden exzellente Mönchguter Fisch- und Fleischgerichte serviert.
- Alt Reddevitz 23a | 18586 Mönchgut
  Tel. 03 83 08/21 71
  www.kliesows-reuse.de

EINKAUFEN

Mönchgut Keramik Thom Wilke
Traditionelle Mönchguter Keramik direkt aus der Töpferwerkstatt gegenüber dem Schulmuseum.
- Dorfstr. 18 b | 18586 Middelhagen
  Tel. 03 83 08/2 52 27

Hofbrennerei Zur Strandburg
Brennerei in historischem Gebäude aus dem 19. Jh., ca. 2 km außerhalb von Middelhagen in großartiger Alleinlage auf dem Reddevitzer Höft. April–Okt. Di–Sa 10–18, Nov.–März 10–16 Uhr
- Alt Reddevitz Nr. 36 | 18586 Mönchgut
  Tel. 03 83 08/3 41 05
  www.hofbrennerei-strandburg.de

ZICKERSCHES HÖFT

Eingerahmt von Hagenscher Wiek und Zickersee schiebt sich die größtenteils unter Naturschutz stehende Halbinsel in die Bodden. Auf einem 8-km-Rundweg kann man sie gut erwandern. Die Hügelgruppe auf der Landzunge, deren höchster der 66 m hohe **Bakenberg** ist, heißt im Volksmund »Zicker Alpen«. Von hier genießt man eine großartige Rundumsicht. Im Frühsommer blühen die Trockenrasenflächen, man entdeckt Schafschwingel, Sandstrohblumen und wilden Schnittlauch. Alpen und Höft sind als Naturschutzgebiet ausgewiesen, das auch die eindrucksvolle Steilküste einschließt.

In Groß Zicker endet die Straße, wer weiter gen Westen will, der stellt sein Auto auf dem Parkplatz ab. Den Strand am Höft erreicht man über eine Treppe am sogenannte **Nonnenloch** mit markantem Findling – ein friedlicher Ort, zu dem nur wenige Besucher kommen.

GROSS ZICKER 13 ⭐ 📖 G7
UND GAGER 14 📖 G7

Im Fischerort **Gager** an der Bucht Hagensche Wiek scheint die Zeit stehengeblieben zu sein, ebenso wie im südlich davon auf dem Rücken der Landzunge gelegenen Fischerdorf **Groß Zicker.** Es besitzt eine schöne spätgotische Dorfkirche von 1360, um die sich die Katen der Fischer und die reetgedeckten Dreiseit-Gehöfte scharen.

Das wohl schönste und auch bekannteste Haus auf ganz Rügen ist das **Pfarrwitwenhaus** (Boddenstr. 21, Tel. 03 83 08/82 48; April bis Mai u. Okt. Mo–Fr 11–16, Sa/So 13–16, Juni u. Sept. Mo–Fr 10–17, Sa/So 13–17, Juli–Aug. Mo–Fr 10 bis 18, Sa/So 13–18 Uhr). › mehr S. 16 Punkt 27

RESTAURANT

Taun Hövt €

Zur tollen Alleinlage mit Traumblick auf Land und Meer des Mönchguts serviert die Familie Triphan heimische Gerichte mit hohem Niveau.

Boddenstr. 61 | 18586 Groß Zicker

Tel. 03 83 08/54 20

www.taun-hoevt.de

Das Pfarrwitwenhaus von Groß Zicker ist eines der populärsten Rügen-Motive

LOBBE 15 ⬛ G7 UND THIESSOW 16 ⬛ E5

Beim Strandort **Lobbe** beginnt das Mönchguter Badeparadies: der mehr als 5 km lange und puderfeine Sandstrand, der sich an der Außenküste schnurgerade bis an das **Südperd** erstreckt, das die Südspitze Rügens bildet. Der Große Strand wird auf seiner ganzen Länge von einem breiten Dünengürtel und einem Waldstreifen gesäumt, der die widrigen Westwinde fernhält.

Das Dorf **Thiessow** liegt am äußersten Ende des Landzipfels, dort wo die Einfahrt in den Greifswalder Bodden und weiter in den Strelasund erfolgt. Diese exponierte Lage bescherte den ortsansässigen Fischern über Jahrhunderte eine lukrative Zusatzeinnahme: Sie verdingten sich als Lotsen, um die großen Frachtschiffe durch die Untiefen bis in den Hafen von Stralsund und von dort wieder heraus zu lotsen. Die Einnahmequelle versiegte, als sich ab den 1920er-Jahren die Westroute vorbei an Hiddensee in den Strelasund durchsetzte.

An die große Zeit als Hauptlotsenstation erinnert nur noch der **Lotsenturm** auf dem 36 m hohen Lotsenberg. Von seiner 14 m hohen Aussichtsplattform eröffnet sich ein weiter Rundum-Lotsenblick.

Was einst für die Seefahrer Gefahr bedeutete, erfreut heute Kiter und Surfer. Denn an der Südspitze Rügens bläst meist eine ordentliche Brise, und die Wellen schlagen höher als anderswo auf der Insel.

Bei schlechtem Wetter sollte man aber den Schutzdamm vor der Landspitze besser nicht begehen – manchmal überspülen ihn kräftig Brecher.

KLEIN ZICKER 17 ⬛ G7

Die Straße und die Insel Rügen enden in Klein Zicker, das von Thiessow aus über einen langen schmalen Damm zu erreichen ist. Am Ortseingang zeigt ein großer Parkplatz an, dass hier Endstation ist. Man sollte nicht einfach umkehren, sondern aussteigen und durch das kleine Dörfchen spazieren. Am Ende des Weges erreicht man das malerische **Saalsufer**, in dessen Abbruchkante zahlreiche Strandschwalben ihre Bruthöhlen haben. Zum Strand führen Treppen hinunter.

Nach einem ausgiebigen Spaziergang lädt die Gaststätte **Zum trauten Fischerheim** seine Gäste zu fangfrischen hausgemachten Matjes- und Heringsspezialitäten. Von der Sonnenterrasse mit Strandkörben genießt man einen wunderbaren Blick über den Bodden bis nach Greifswald, in der dazugehörigen Pension kann man auch übernachten.

HOTEL UND RESTAURANT

Zum trauten Fischerheim €–€€
Kleines sympathisches Hotel in idyllischer Lage. Es gibt Zimmer mit Blick auf die Zicker Berge oder auf den Greifswalder Bodden.
• Dörpstrat 15 | 18586 Klein Zicker
   Tel. 03 83 08/3 01 52
   www.kleinzicker.com

HALBINSEL JASMUND

FÜRSTENHOF

Bäderarchitektur·
Feriendomizil in Sassnitz

Auf die Halbinsel Jasmund kommt man, um die Kreidefelsen am Königsstuhl zu sehen und die Farben und Formen dieser einzigartigen Natur zu erleben, die Künstler wie Caspar David Friedrich begeisterte.

»Nach Rügen reisen heißt nach Sassnitz zu reisen«, ließ schon Theodor Fontane seine Effie Briest sagen. Heue strömen Besucher aus aller Welt dorthin, um von Sassnitz aus über den Hochuferweg zum weltberühmten Königsstuhl zu wandern. Das ist kaum zu toppen, wenngleich der Ansturm auf den Kreidefelsen an schönen Sommertagen so enorm ist, dass alle Romantik schnell verfliegt. Wer sie sucht, der muss nur die eingetretenen Pfade verlassen und durch die Wälder des Nationalparks Jasmund oder übers offene, sanft hügelige Bauernland streifen, das außerhalb der Nationalparkgrenzen die gewaltige Kreidescholle überzieht. Hier begegnet man alten Kreidebrüchen wie dem in Gummanz – heute ein Freiluftmuseum – oder dem rätselhaften Opferstein bei Quolitz. Dort trifft man auf den Mythos Störtebeker, der im Weiler Ruschvitz einst das Licht der Welt erblickt haben soll, und macht sich mit dem schwedischen Feldmarschall Carl Gustav Wrangel bekannt, der auf Schloss Spyker residierte.

TOUREN IN DER REGION

TOUR 5

RADTOUR: JASMUND-RUNDFAHRT

ROUTE: Sassnitz › Nationalpark Jasmund › Königsstuhl › Lohme › Glowe › Schloss Spyker › Bobbin › Gummanz › Sagard › Dobberworth › Sassnitz

KARTE: Seite 100
DAUER: 1–2 Tage mit dem Fahrrad, 1 Tag (mit dem Auto), ca. 45 km

PRAKTISCHE HINWEISE:

• Die Tour ist für halbwegs Trainierte mit dem Fahrrad in einem Tag gut zu schaffen. Jedoch ist die Halbinsel Jasmund kuppig und es gibt einige größere Steigungen.

• Beachten Sie, dass Radfahren im Nationalpark nur auf den ausgeschilderten Wegen erlaubt ist.

• Die Zufahrt zum Königsstuhl ist für Kfz gesperrt, vom kostenpflichtigen Großparkplatz bei Hagen (Info-Point, Gastronomie) sind es etwa 3 km zu Fuß, per Fahrrad oder mit dem Shuttlebus.

TOUR-START:

In **Sassnitz** 2 › S. 103 fährt man, vorbei am Hafen mit dem Museums-U-Boot »HMS Otus«, steil bergauf und hinein in den alten Buchenwald, der das gesamte Territorium des **Nationalparks Jasmund** 3 › S. 105 bedeckt. Während für Kfz-Fahrer am Großparkplatz Hagen Schluss ist, geht es für Radfahrer auf Waldweg und Pflasterstraße weiter in Richtung Steilküste bis zum modernen **Nationalparkzentrum** und von dort zu Fuß zum Wahrzeichen Rügens, dem **Königsstuhl.** Davor muss aber Eintritt gelöst werden,

TOUREN AUF DER HALBINSEL JASMUND

TOUR 5

JASMUND-RUNDFAHRT

Sassnitz › Nationalpark Jasmund › Königsstuhl › Lohme › Glowe › Schloss Spyker › Bobbin › Gummanz › Sagard › Sassnitz

TOUR 6

HOCHUFERWEG VON SASSNITZ ZUM KÖNIGSSTUHL

Sassnitz › Piratenschlucht › Hengst › Wissower Klinken › Waldhalle › Ernst-Moritz-Arndt-Sicht/Tipper Ort › Kollicker Ort › Viktoriasicht › Große Stubbenkammer › Königsstuhl › Ausflugsgaststätte Am Königsstuhl › Sassnitz

um bis zur Abbruchkante zu gelangen. Weiter Richtung Westen erreicht man das Fischerdorf **Lohme 5** › S. 107. Hier erlebt man den spektakulären Sonnenuntergang im »Panorama-Hotel«, das hoch über der Ostsee liegt und seinen Fisch mit einem Aufzug vom Ufer heraufholen muss. Das Hotel bietet sich auch zur Übernachtung an.

Von Lohme führt die Küstenstraße durch wundervolle Natur mit prächtigem Blick auf die Ostsee nach **Glowe 6** › S. 109 am Beginn der Schaabe. Glowe ist der einzige Badeort auf Jasmund und lädt mit seinem kilometerlangen Strand zu einem Halt ein. Nach einer Pause im Cafégarten von **Schloss Spyker 8** › S. 109 zieht es Familien mit Kindern ins **Dinosaurierland** › S. 112 am Spyker See. Nach einem Aussichtsstopp auf dem Tempelberg bei **Bobbin 7** › S. 109 erfährt man in **Gummanz 9** › S. 112 im alten, zum Museum umgestalteten Kreidebruch mehr über die Geschichte der Kreidegewinnung. Nur zu Fuß erreicht man den nahe gelegenen **Quolitzer Opferstein**, einen 73 t schweren Findling. **Sagard** war Rügens erstes Kurbad dank einer Ende des 18. Jhs. erschlossenen Kohlensäurequelle. Davon ist nichts mehr erkennbar, sehenswert ist jedoch die Kirche (13. Jh.). Am Ortsausgang neben der B 96 Richtung Bergen kann man eine Erhebung von 150 m Umfang und 10 m Höhe sehen: Der **Dobberworth** ist Norddeutschlands größtes bronzezeitliches Hügelgrab.

In Richtung Osten gelangt man schließlich zurück nach **Sassnitz**.

TOUR 6

HOCHUFERWEG: SASSNITZ – KÖNIGSSTUHL

ROUTE: Sassnitz › Piratenschlucht › Hengst › Wissower Klinken › Waldhalle › Ernst-Moritz-Arndt-Sicht / Tipper Ort › Kollicker Ort › Viktoriasicht › Große Stubbenkammer › Königsstuhl › Sassnitz

KARTE: Seite 100
DAUER: 3–4 Std. zu Fuß, ca. 11,5 km
PRAKTISCHE HINWEISE:
- Festes Schuhwerk ist obligatorisch, denn der Pfad ist auch bei trockenem Wetter stellenweise feucht und rutschig. Es geht teilweise hart an der Abbruchkante entlang. Bei ruhiger See kann man auch unten am Strand entlangwandern, was jedoch recht beschwerlich ist.
- Ab Hagen Parkplatz fahren die Linienbusse Nr. 14, 20 und 23 zurück nach Sassnitz. Zwischen Königsstuhl und Parkplatz Hagen pendelt der Bus Nr 19.

TOUR-START:

Der Hochuferweg ist ohne Frage einzigartig unter den Wandertouren auf Rügen und eine der schönsten im ganzen Land. Gleich nach dem Betreten des **Nationalparks Jasmund 3** › S. 105 am Wedding beginnt der erste Aufstieg. Vorbei an der **Piratenschlucht** überwinden Sie den **Hengst,** überqueren den Lauf des Lenzer Bachs und erreichen nach einem längeren Anstieg die **Wissower Klinken** bzw. das, was von ihnen nach mehreren Abbrüchen übriggeblieben ist. Die markanten Spitzen sind zwar weg, die Perspektive der Ernst-Moritz-Arndt-Sicht ist aber immer noch attraktiv. Von hier führt ein Pfad 200 m landeinwärts zum ehemaligen Gasthaus Waldhalle, das 2017 als **Michael-Otto-Haus** neu eröffnet wurde und nun als UNESCO-Welterbeforum über »alte Buchenwälder« informiert (tgl. 11–17 Uhr, mit Sanitäranlagen).

Nach einem Ab- und Wiederaufstieg kommt man zur **Ernst-Moritz-Arndt-Sicht** mit besagtem Prachtblick zurück auf die Wissower Klinken. Nach einem längeren Teilstück erreicht man den **Kieler Bach,** der sich über einen kleinen Wasserfall in die Ostsee ergießt. An dieser Stelle befindet sich eine Abstiegsmöglichkeit – eine steile Treppe zum Strand. Weiter am Hochufer entlang kommt man zum **Kollicker Ort** und dem gleichnamigen Leuchtfeuer. An diesem vorbei geht es bis zur Großen Stubbenkammer mit dem 118 m hohen **Königsstuhl.** Kurz vorher erreicht man die spektakuläre Aussichtsplattform **Viktoriasicht.** > mehr S. 17 Punkt **30**

Zwischen Viktoriasicht und Königsstuhl führt der Abstieg über 486 Stufen durch die **Golchaschlucht** hinab bis zum Strand. Vom Königsstuhl aus geht man den Fußweg weiter zum modernen, sehenswerten **Nationalparkzentrum.**

Einige Schritte weiter erreicht man den großen Parkplatz vor der Ausflugsgaststätte »Am Königsstuhl«, von der aus Pendelbusse zum Parkplatz Hagen abfahren. Zu Fuß braucht man dorthin etwa eine halbe Stunde. Von Hagen verkehren Linienbusse zurück nach **Sassnitz.**

UNTERWEGS AUF JASMUND

NEU MUKRAN **1** 📖 F4

Nördlich der Schmalen Heide unterbricht der Anblick eines imposanten Gleisgewirrs den Naturgenuss. Das ist der Rangierbereich des Fährhafens von Neu Mukran. Geplant wurde dieser Ende der 1970er-Jahre, nachdem die Gewerkschaft Solidarność in Polen erstarkt war. Damals befürchteten die DDR-Verantwortlichen, dass der Landweg in die Sowjetunion unterbrochen werden könnte. In höchster Eile und Geheimhaltung wurde der Eisenbahn-Fährhafen Neu Mukran aus dem Jasmunder Sand gestampft und 1986 eröffnet. Kaum war die Verbindung nach Klaipeda in der damaligen Sowjetrepublik Litauen eröffnet, fiel die Mauer und die Baltischen Länder inklusive Litauen wurden unabhängig. Statt der DDR das Überleben zu garantieren, diente Neu Mukran nun dazu, die Rote Armee zurück nach Russland zu bringen. 1998 wurde der **Fährhafen** aus der Stadt Sassnitz nach Neu Mukran verlegt und damit auch die legendäre »Königslinie«, die seit 1897 Sassnitz mit dem schwedischen Trelleborg verbindet.

SASSNITZ 2 ⭐ 6 ▮ F3

Die zweitgrößte Stadt Rügens (9400 Einw.) war als Hafenstadt mehr als 100 Jahre lang das »Tor nach Skandinavien«. Zu DDR-Zeiten war hier die größte Fischereiflotte des Landes stationiert. Seit der Verlegung der Fährbetriebes nach Neu Mukran erinnert man sich wieder an die Zeit als eine der ersten Seebäder-Adressen und konzentriert sich erneut auf den Tourismus. Schon im 19. Jh. war Sassnitz ein bekanntes Seebad. Diese erste Karriere endete jedoch schnell, als 1883 bzw. 1891 die Eisenbahnlinie entstand. Dabei verschwand der Strand unter den neuen Anlagen.

DER HAFEN

Nach der Verlegung des Fährhafens nach Neu Mukran begann man, die großen Hafenanlagen umzugestalten. Heute ist hier die Schokoladenseite von Sassnitz mit mehreren Museen, Fischlokalen und traditionsreichen Schifferkneipen sowie einem malerischen **Fischerhafen**, in dem die bunten Kutter dümpeln. Seit 2007 verbindet eine bogenförmige Fußgänger-Hängebrücke über 274 m Länge und 22 m Höhenunterschied das Stadtzentrum

Die spektakuläre Hängebrücke in Sassnitz

mit dem Sassnitzer Hafen. Von der Brücke aus kann man fast den gesamten Hafen überblicken.

Spaziergänge entlang der **Strandpromenade,** der **Seebrücke** oder der 1,5 km langen **Ostmole** lassen Fernweh aufkommen, wenn die großen und kleinen Fähren, die Fischer- und Ausflugsboote vorübergleiten.

Im **Fischerei- und Hafenmuseum** kann man viel von der Geschichte der Stadt und ihres Hafens erfahren. Das größte Museumsexponat liegt gegenüber vor Anker: Das Museumsschiff »Havel«, eine 26 m langer restaurierter Kutter, der bis zur Wende beim VEB Fischfang im Einsatz war (Tel. 03 83 92/ 5 78 46, www.hafenmuseum.de; tgl. 10–18, Dez.–Febr. 11–17 Uhr).

Am alten Fähranleger dümpelt das **U-Boot-Museum:** die ausgemusterte 91 m lange »Her Majesty's Submarine Otus«, deren Inneres man besichtigen kann (Hafenstr 12, Haus J, Tel. 03 83 92/67 78 88, www. hms-otus.com; Mai–Okt. tgl. 10 bis 18, Sommerferien 10–19, Nov. bis März 10–16 Uhr).

DIE ALTSTADT

Östlich des Hafens schließt sich die Altstadt mit ihren pittoresken Pensionen und Gaststätten sowie der Seebrücke an. Etliche Beispiele der historischen Bäderarchitektur sind erhalten geblieben. Allesamt schön saniert, bieten sie nun wieder wie in alten Tagen den Sommerfrischlern Einkehr und Unterkunft.

SCHMETTERLINGSPARK

Sassnitz bietet eine »tierische« Attraktion, die besonders für Familienausflüge wie geschaffen ist: Der Alaris Schmetterlingspark, in dessen Freiflughalle im Laufe der Saison mehr als 140 verschiedene Schmetterlingsarten aus aller Welt herumflattern, wie z. B. der Atlas-Seidenspinner mit einer Spannweite von 30 Zentimetern (Straße der Jugend 6, Tel. 03 83 92/6 64 42, www. schmetterlingspark-sassnitz.de; April–Okt. tgl. 10–17 Uhr, außerhalb der Schulferien Sa geschl.).

INFO

Tourist Service Sassnitz
• Im Stadthafen | Strandpromenade 12 18546 Sassnitz | Tel. 03 83 92/64 90 www.insassnitz.de

SCHIFFFAHRT

Seetouristik Brauns GmbH
Ganzjährig 1,5- bis 2-stündige Touren ab Hafen Sassnitz entlang der Kreideküste bis zum Königsstuhl (Erw. 14 €, Kind 8 €).
• Karlstr. 1 | Sassnitz | Tel. 03 83 92/3 52 25 www.ms-alexander.de

Im Maschinenraum des U-Bootes HMS Otus

HOTELS

Parkhotel del Mar €€–€€€
Kleines, schmuckes Hotel in historischer Bädervilla mit 22 stilvoll eingerichteten Zimmern und Appartements zwischen Stadtpark und Hafen; mit Wellnessbereich.
• Hauptstr. 36 | Sassnitz
Tel. 03 83 92/69 50
www.parkhotel-del-mar.de

Villa Ostseelilie €–€€
Rekonstruierte Bäderstilvilla von 1878 im historischen Zentrum oberhalb der Seebrücke. 8 geräumige Appartements, meist mit Veranda und Ostseeblick.
• Ringstr. 19 | Sassnitz
Tel. 03 83 92/2 29 86
www.villa-ostseelilie.de

Waterkant €–€€
Familiäres Hotel garni unter sehr freundlicher und hilfsbereiter Leitung in toller Lage oberhalb des Hafens. Charmante geräumigen Zimmer und Garten mit herrlichem Hafen- und Meerblick.
• Walterstr. 3 | Sassnitz
Tel. 03 83 92/5 09 41
www.hotel-waterkant.de

RESTAURANTS

Gastmahl des Meeres €€
Nomen est omen: hervorragende Fischküche mit Blick auf den Fischerhafen.
• Strandpromenade 2 | Sassnitz
Tel. 03 83 92/51 70
www.gastmahl-des-meeres-ruegen.de

König Gustav €€
Gute nordisch-skandinavische Küche in gediegenem Ambiente: : Smørrebrød mit geräuchertem Lachs oder Fisch & Chips aus Dorsch im Gewürzbierteig mit schwedischer Dill-Remouladensauce.

• Hauptstr. 10a | Sassnitz
Tel. 03 83 92/2 23 59
www.koenig-gustav.de

NATIONALPARK JASMUND ③ 🟠 📖 F2/3

Steil abfallende Kreidefelsen, blaugrünes Meer, darüber blauer Himmel mit Wolkentupfern – dieses Bild hat Rügens Image geprägt. Den Status Nationalpark erhielt das rund 3000 ha große Gebiet 1990, Teile wurden schon Ende der 1920er- und Mitte der 1930er-Jahre unter Naturschutz gestellt. Das jetzt doppelt so große Areal, das von Sassnitz fast bis Lohme reicht, bildet den kleinsten Nationalpark Deutschlands (www.nationalpark-jasmund.de). Neben dem Kreidefelsen-Steilufer mit dem **Königsstuhl** (118 m) umfasst er mit der **Stubnitz** Rügens größtes Waldgebiet, in dem die Rotbuche vorherrscht, sowie Feuchtwiesen, aufgelassene Kreidebrüche, Moore, Kleingewässer und einen bis zu 500 m breiten Ostsee-Flachwasserstreifen. Zu den Raritäten der Flora zählen einige Orchideenarten wie der Rotbraune Frauenschuh und das Purpurknabenkraut.

Das eindringlichste Erlebnis der grandiosen Naturszenerie bietet sich durch mehrmaligen Perspektivenwechsel: An einigen Stellen der Küste im Nationalpark Jasmund kann man auf steilen Treppen aus Stangenholz zum Wasser hinunterklettern. Dies sollte man nur bei guter körperlicher Verfassung tun. Dasselbe gilt für den sehr empfeh-

GRATIS ERLEBEN

- Rügen und Hiddensee in all ihren Facetten unter kundiger Führung entdecken kann man im Rahmen der ca. 70 meist kostenfreien Wander- und Aktivangebote des **Wanderfrühlings** und **Wanderherbsts**, u. a. mit Exkursionen im Nationalpark Jasmund. Ein geringer Beitrag ist nur für die evtl. Anfahrt mit Bus oder Bahn fällig (Info: www.rügen.de/wandern).
- Einen umfassenden Ein- und Überblick über die Kunstszene Rügens kann man sich in der **Orangerie** im Schlosspark Putbus > S. 64 verschaffen, wo die KulturStiftung Rügen in Wechselausstellungen Schätze aus ihrem Fundus präsentiert; der Eintritt ist frei (Tel. 03 83 01/88 97 97, www.kulturstiftung-ruegen.de).
- Kostenlos ein- und abtauchen in die Welt der Über- und Unterwasser-Großtechnik kann man im **Nautineum** vor Stralsund. Besonders spannend ist das Unterwasserlabor »Helgoland«, in das man einsteigen und Meeresforscher spielen kann. > S. 145
- Einen ausgefüllten Erlebnistag für die ganze Familie bietet der populäre Erlebnishof von **Bauer Lange** B5 in Lieschow. Das vielfältige Vergnügungsangebot ist i. d. R. kostenfrei, für die hauseigenen Delikatessen zahlt man gern (Hof Nr. 37, Tel. 03 83 05/5 51 50, www.bauerlange.de).

lenswerten Fußmarsch von Sassnitz nach Lohme (ca. 15 km). Die Stubbenkammer mit dem Königsstuhl ist auch per Kfz erreichbar: 3 km vor dem Königsstuhl bei Hagen stellt man es auf dem Großparkplatz ab, zum Königsstuhl kommt man dann zu Fuß oder per Pendelbus.

Wer die Kreidefelsen in ihrer ganzen Pracht sehen und fotografieren will, der sollte mit einem der Ausflugsschiffe vom Hafen Sassnitz zum Königsstuhl fahren > S.104 – am besten an einem Sonnentag, denn dann sind die Felsen wirklich weiß, und am frühen Nachmittag, wenn sie direkt angestrahlt sind.

NATIONALPARKZENTRUM KÖNIGSSTUHL

Im Nationalpark Jasmund gibt es unterschiedliche Schutzzonen. Die Kernzonen sind streng geschützt und dürfen nicht betreten werden. Ausführliches Informationsmaterial, spannende Ausstellungen und mehr bietet das **Nationalparkzentrum Königsstuhl**. Um das Gelände um den legendären Fels und das Besucherzentrum zu betreten, muss man Eintritt zahlen (Erw. 9,50 €, Kinder 6–14 Jahre 4,50 €, Familienkarte 20 €). Geboten werden dafür eine informative interaktive Ausstellung zu den Erdzeitaltern und zur Landschaftsgenese, Fauna und Flora in 18 Stationen inklusive Audioguide, Aussichtsplattformen, Kletterbäume u. v. m. Der Nationalpark-Service veranstaltet Kurzführungen (ohne Anm.) und laufend geführte Exkursionen, Touren, Tierbeobachtungen etc. (mit Anm.).

Abendstimmung im Jachthafen von Lohme am Fuß der Steilküste

INFO

Nationalparkzentrum Königsstuhl
• Stubbenkammer 2
　18546 Sassnitz
　Tel. 03 83 92/66 17 66
　www.koenigsstuhl.com
　Ostern–Okt. tgl. 9–19 Uhr,
　Nov.–Ostern tgl. 10–17 Uhr

RESTAURANTS

Kleine Försterei €
Das Gasthaus in Parkplatznähe serviert
gute Wildspezialitäten. Mit Pension. **> mehr
S. 14 Punkt ⑭**
• Stubbenkammerstr. 68 | 18551 Hagen
　Tel. 03 83 02/9 00 17
　www.kleine-foersterei-ruegen.de

NIPMEROW ④ ▮ F3

Für Naturliebhaber ein idealer Ausgangspunkt ist das kleine Dorf Nipmerow und der dortige Campingplatz Krüger Naturcamping. Der
Weg vom Platz zum Königsstuhl

führt vorbei am sogenannten **Pfen-
niggrab,** einem steinzeitlichen
Großsteingrab, und am **Herthasee,**
einem romantischen Waldsee, um
den sich die »Hertha-Sage« **> S. 43**
rankt. Beim stillen Waldsee liegt die
Herthaburg, eine runde Wallburg
mit einem 10 m hohen und 90 m
langen Wall.

CAMPING

Krüger Naturcamping
Der direkt an der Nationalparkgrenze im
Wald gelegene Platz ist ein idealer Aus-
gangspunkt für Wanderungen.
• Jasmunder Str. 5
　18551 Lohme- Nipmerow
　Tel. 03 83 02/92 44
　www.ruegen-naturcamping.de

LOHME ⑤ ▮ F2

Lohme (520 Einw.), ein altes Fischerdorf mit Jachthafen, ist ein
ruhiges Urlaubsziel und wegen der

Nähe zum Nationalpark Jasmund für Natur- und Wanderfreunde ein guter Standort. Das Eindrucksvollste in Lohme ist seine Lage direkt an der Abbruchkante einer spektakulären Steilküste. Will man vom Ort hinunter zum Wasser und zum Jachthafen, muss man eine steile Treppe hinabsteigen. Auf halber Höhe liegt das kleine **Café Niedlich** samt einladender Terrasse mit Aussicht auf Hafen und Strand (Tel. 03 83 02/88 61 21; April–Okt.).

Blickfang am Strand ist der 162 t schwere **Schwanenstein.** In dem von Wind und Wellen glatt geschliffenen, sagenumwobenen Findling sollen die ungeborenen Kinder darauf warten, geholt zu werden. Im Frühling und Sommer bringt der Storch die Kleinen. Verlässt er die Insel Richtung Süden, erledigt der Schwan seine Arbeit.

Der allerschönste Punkt von Lohme ist die Terrasse des Restaurants im **Panorama-Hotel** › rechts.

Hier zu sitzen und bei Kaffee und Kuchen oder einem erlesenen Dinner einen Sonnenuntergang zu erleben und den bis zu 20 km reichenden Fernblick auf Kap Arkona zu genießen, ist einer der Höhepunkte eines Jasmund-Aufenthaltes.

INFO

Tourismusverein Lohme
• Haus Linde | Arkonastr. 21
 18551 Lohme | Tel. 03 83 02/8 88 55
 www.lohme.de

HOTEL

Panorama-Hotel €€–€€€
Eines der am schönsten gelegenen Hotels auf Rügen: direkt an der Abbruchkante des Steilufers am Beginn des Jasmund-Nationalparks, bietet die stilvolle Anlage einen sensationellen Fernblick. Die Küche des Hotelrestaurants ist ebenso erlesen wie die Lage.
• An der Steilküste 8 | 18551 Lohme
 Tel. 03 83 02/91 10
 www.panorama-hotel-lohme.de

Schloss Spyker empfängt heute Hotelgäste in historischem Ambiente

EINKAUFEN

Steinmüller

Stein- und Bernsteinschmuck als ideale Souvenirs. ▸ mehr S. 17 Punkt ㉝

- Zum Hafen 6 | 18551 Lohme
  Tel. 01 70/9 85 35 85
  www.ruegensteine.de

Wilberg's Traditions-Räucherei

Oft gelobt als Rügens beste Räucherei. Ob Flunder, Sprotte, Seeaal, Markrele, Hering oder Heilbutt – hier gibt es all das, was die Lohmer Fischer aus der Ostsee ziehen, fangfrisch oder frisch aus dem Rauch.

- Arkonastr. 22 | 18551 Lohme
  Tel. 03 83 02/92 05 | Mo–Sa 10–18 Uhr

GLOWE 6 📙 D3

Das slawische Wort »Glowna« bedeutet Kopf bzw. Vorsprung. Tatsächlich lag hinter der Siedlung früher die See. Bis 1892 existierte noch eine offene Verbindung zwischen dem Großen Jasmunder Bodden und der Tromper Wiek.

Das ehemalige Fischerdorf an Jasmunds Nordwestecke begeistert mit dem endlos langen Bilderbuch-Sandstrand der **Schaabe** ▸ S. 116 und dem im Vergleich zu Binz oder Sellin urwüchsigen Charakter von Ort und Strand. Zwar entstehen neue Hotels und der Hafen soll ausgebaut werden. Aber noch ist Glowe eine recht beschauliche, ruhige Urlaubsdestination ohne dem Trubel wie in den renommierten Ostseebädern.

INFO

Tourismusverein Glowe

- Am Kurpark 1 | 18551 Glowe
  Tel. 03 83 02/88 99 39 | www.glowe.de

HOTEL

Hotel altGlowe €

Kleines, gut geführtes Hotel mit 14 stilvoll eingerichteten Zimmern, hervorragendem Service und guter Küche. 200 m bis zum Strand.

- Hauptstr. 72 | 18551 Glowe
  Tel. 03 83 02/88 93 29
  www.altglowe.de

RESTAURANT

Peters €€

Fischdelikatessen im Restaurant sowie aus der Räucherei und dem Fischladen der Fischerfamilie Peter. In der Saison regelmäßige »all you can eat«-Fischgillabende (bitte anmelden!)

- Dorfstr. 38 | 18551 Glowe-Polchow
  Tel. 03 83 02/7 80 30
  www.peters-fisch.de
  Fischgeschäft Mo–Sa 8–19, So 12–18 Uhr, Fischrestaurant tgl. 11.30–20 Uhr

BOBBIN 7 📙 E3

Weithin sichtbar thront die **Kirche** über dem Dorf am Fuß des Tempelberges. Der kleine, spätgotische Sakralbau entstand um 1400; die Wehrkirche ist als einziges Gotteshaus auf Rügen aus Feldsteinen (Granitfindlingen) errichtet. Vom 50 m hohen **Tempelberg** hinter Bobbin hat man einen exzellente Aussicht auf das Umland und über den Spykerschen See, an dessen Ufer man Schloss Spyker erkennt.

SCHLOSS SPYKER 8 📙 E3

Der trutzige Bau am Spykerschen See wurde im 16. Jh. von der Rügener Familie von Jasmund errichtet.

MEERWASSER UND KREIDEMILCH

Anwendungen mit Rügener Heilkreide fördern Gesundheit und Wohlbefinden

Rügens Kreide begeistert nicht nur am Königsstuhl, sie hat auch als Heilmittel eine lange Tradition. In Sassnitz eröffnete 1824 Deutschlands erstes Kreideheilbad. Ob klassisch oder ganz modern im Rasul-Bad, als Soft-Pack-Anwendung oder mit Fruchttrester, mit Stutenmilch oder duftenden Ölen: Ein Bad mit Rügener Heilkreide entspannt und soll schön machen.

Alles rund um das allergenfreie Naturprodukt findet man auf der Website des Vereins Rügener Heilkreide e. V.: www.heilkreide.de

SICH IN KREIDE PACKEN

Kreide hält die Wärme gut. Kreideanwendungen fördern das allgemeine Wohlbefinden, machen eine wunderbar zarte Haut und helfen u. a. bei Erkrankungen der Atemwege (Bronchitis, Asthma), der Haut (Neurodermitis, Ekzeme) und des Bewegungsapparates (Wirbelsäulen- und Gelenkbeschwerden).

- Splash €€€ ▮ E3
  3500 m² Badelandschaft mit 450 m² großem Beauty- und Wellness-Center sowie zahlreichen Sport- und Fitnessangeboten.
  18551 Neddesitz | Tel. 03 83 02/95
  www.precisehotelruegen.de
- Seehotel Binz-Therme €€€ ▮ F5
  Wohlfühloase mit Thermal-Sole aus hauseigenen Quellen in 1222 m Tiefe, dazu Saunen und Dampfbäder, Rasulbad, Solarium, Fitnessraum und vielfältigste

Wellness- und Beautyanwendungen mit Rügener Heilkreide, Algen und Sanddorn.
Strandpromenade 76 | 18609 Binz
Tel. 03 83 93/60 | www.binz-therme.de

- **Kur-und Wellness Hotel Mönchgut** €€–€€€  G6
Hier dreht sich alles auf hohem Niveau um Ihr Wohlbefinden und Ihre Gesundheit, spezielle Heilkreideangebote.
- Waldstraße 7, 18586 Göhren
Tel. 03 83 08/2 52 52
www.hotel-wellness-ruegen.de
- **Kurhotel Sassnitz** €€  F3
Kuren im alten Seemannsheim; Kuranwendungen mit der Rügener Heilkreide, Massagen und medizinische Bäder. Angeschlossen an die Rügen-Therme, eine gemeinsam von Kurhotel, Rügenhotel, Villa Seeblick und Fürstenhof betriebenen Wellnessoase.
Hauptstr. 1 | 18546 Sassnitz
Tel. 03 83 92/8 30 10
www.kurhotelsassnitz.de

EINTAUCHEN INS KREIDEBAD

Kreidebäder, in vierprozentiger Konzentration mit Süß- oder Meerwasser für 20 Min. angewendet (Badetemperatur: 38–45 °C), sorgen für absolute Entspannung und verwöhnen Körper und Geist. Die Beigabe von Stutenmilch und anderen Essenzen wird individuell abgestimmt. Anschließend erhalt man noch eine Trockenpackung. Danach fühlt man sich wie neu geboren.

- **Rülax Beauty & Spa** €€€  G6
Serail-Dampfbad, Kräuter-Dampf-Sauna und Soft-Pack-Anwendungen der Heilkreide. Aromablüten-, Meerwasser- und Massagewannen.
Cliff Hotel Rügen | 18586 Sellin
Tel. 03 83 03/82 14 | www.cliff-hotel.de

- **IFArelax & Vitamar** €€  F5
Erlebnisbad mit römischem Dampf- und Kaiserinnenbad, Sauerstoff-Mehrschritt-Kur sowie Fango-Paraffin-Packungen.
Strandpromenade 74 | 18609 Binz
Tel. 03 83 93/9 20 70
www.ifa-ruegen-hotel.com

ALLES RUND UM KREIDE

Lehrreicher Abstecher in einen alten Kreidebruch bei Gummanz: Im dortigen Kreidemuseum in einer restaurierten Werkhalle und im angeschlossenen Freigelände erhält man einen Einblick in die früheren Techniken des Kreideabbaus. Mit Kreidelehrpfad unterhalb der »Kleiner Königsstuhl« genannten Anhöhe (Anfahrt: direkt hinter der Hotelanlage Precise Resort Rügen).

- **Kreidemuseum Rügen**  F3
Tel. 03 83 02/5 62 29
Gummanz 3A | 18551 Sagard
www.kreidemuseum.de
Ostern–Okt. tgl. 10–17 Uhr, Nov. bis Ostern Di–So 10–16 Uhr, der Kreidelehrpfad ist immer zugänglich

Kreide-Wellness bietet das Seehotel Binz-Therme

Berühmt wurde er durch einen späteren Besitzer: Nach dem Dreißigjährigen Krieg (1618–1648) schenkte die schwedische Königin das Anwesen ihrem Feldmarschall Carl Gustav von Wrangel. Er ließ Spyker umbauen. Im ersten Obergeschoss wurden Stuckdecken eingezogen, deren Figurenschmuck u. a. die vier Jahreszeiten darstellt.

Auch die Anlage des sehenswerten **Schlossparks** geht auf den Feldmarschall zurück. Das Schloss wurde in den 1990er-Jahren restauriert und zum Hotel umgebaut.

HOTEL

Schloss Spyker €€€
Schlosshotel mit 32 stilvoll eingerichteten Zimmern und Gewölberestaurant.
• Schlossallee 1 | 18551 Spyker
  Tel. 03 83 02/7 70
  www.schloss-spyker.de

DINOSAURIERLAND

Durch den Erlebnispark am Spyker See führt ein 1,2 km langer Rundweg, auf dem die Entwicklung von den ersten Wasserlebewesen über die Saurier und andere Wirbeltiere bis zu den Flugsauriern bzw. Vögeln mit 120 Nachbildungen der Urwelttiere erläutert wird. Im Steinzeitdorf wird u. a. Bogenschießen und Messerwerfen unter Anleitung geboten, Grabungen am Saurierskelett-Modell und ein Fossiliensuchplatz runden das Angebot ab (Tel. 03 83 02/ 71 98 74, www.dinosaurierland-ruegen.de; April–Mai u. Sept.–Okt. tgl. 10–17, Juni–Aug. 10–18, März u. Nov. Sa–Do 10–15 Uhr).

GUMMANZ 9 ▮ F3

In Gummanz ist da einzige Kreidemuseum Europas in einem ehemaligen Kreidebruch eingerichtet. Es informiert über die Tradition des Kreideabbaus auf Jasmund. Ein **Kreide-Lehrpfad** › S. 111 führt hinauf zur Aussichtsplattform auf dem höchsten Punkt des Kreidefelsens.

Vom Kreidebruch ist es nur ein kurzer Spaziergang bis zum **Quolitzer Opferstein.** Der 27 m³ große und 73 t schwere Felsblock ist von ausgehauenen Rillen, Näpfchen und Furchen überzogen, deren Bedeutung bis heute Rätsel aufgibt.

LIETZOW 10 ▮ E4

Der Ort (250 Einw.) rühmt sich einer eigenen Kultur. Die Lietzow-Kultur bezeichnet nach hiesigen Funden eine Epoche aus der Jungsteinzeit. Zahlreiche der Feuersteine, Werkzeuge und Waffen sind heute im Stralsund Museum in der Hansestadt ausgestellt › S. 141.

Das **Schlösschen** mit seinem hohen Rundturm wurde 1893 von einem Eisenbahningenieur, der für den Bau der Bahnlinie Bergen – Sassnitz verantwortlich war, nach dem Vorbild von Schloss Lichtenstein bei Reutlingen auf der Schwäbischen Alb als Wohnsitz errichtet.

HOTEL

Pension Jasmund €€
Pension in Waldhanglage, Zimmer z. T. mit Boddenblick. Mit Liegewiese und Grillplatz.
• Boddenstr. 50 | 18528 Lietzow
  Tel: 03 83 02/30 33

HALBINSEL
WITTOW

Steilküste am Kap Arkona

Auf der Halbinsel vom Kap Arkona entlang der Kreideküste zum winzigen Fischerdorf Vitt zu wandern und dort in der urigen Dorfschänke einzukehren ist ein elementares Naturerlebnis auf Rügen.

Wie am seidenen Faden hängt die Halbinsel Wittow durch die schmale Nehrung der Schaabe am benachbarten Jasmund fest. Als Bollwerk ist sie der Nordwestseite Rügens vorgelagert und hält von ihr die kalten Westwinde fern. Selbst weitgehend waldlos, ist Wittow (= slaw. Windlandum) unmittelbar den vorherrschenden Westwinden und Sturmtiefs ausgeliefert, die im Herbst und Winter nicht selten über die Hochebene peitschen. So ist es sicher auch kein Zufall, dass Wittow besonders eng mit der Segelschifffahrt verbunden und das Kapitänsdorf Breege einst das reichste der Insel war. Heute versucht der Ort, durch eine große Marina an die alten Zeiten anzuknüpfen. Wittows Badeort ist Juliusruh, ein Weiler an der Außenküste, bei dem der 10 km lange Badestrand der Schaabe beginnt. Wittows zweiter, besonders bei FKK-Freunden beliebter Strand versteckt sich hinter dem Wäldchen Schwarbe am Mövenort.

Mit dem Kap Arkona, das mit seinen fast senkrecht abfallenden Kliffen wie eine gewaltige Naturfestung wirkt, besitzt Wittow sogar eine der Top-Attraktionen der Insel: Hier testete einst die DDR Plastik und andere Materialien auf Haltbarkeit, indem sie sie einfach den Witterungsverhältnissen aussetzte. Am Kap prallen die Elemente mit einer Wucht aufeinander wie sonst nirgends auf der Insel, und es ist ein atemberaubendes Erlebnis, hier bei Sturmtief über der Ostsee zu stehen.

Das Gegenstück zum Kap Arkona ist der »Schwanz« von Wittow, die schmale, kilometerlange Sandbank namens Bug, die schon längst mit der benachbarten Insel Hiddensee zusammengewachsen wäre, würde man nicht unermüdlich immer wieder die Einfahrt in den Rassower Strom ausbaggern. Viele Jahrzehnte war der Bug militärisches Sperrgebiet. Seit der Wiedervereinigung Deutschlands ist er Teil des Nationalparks Vorpommersche Boddenlandschaften. Von Wittow setzt eine kleine Autofähre über den Breetzer Bodden und verbindet so das Windland mit dem Inselkern.

Steinzeitliche Grabstätte bei Nobbin

TOUR IN DER REGION

TOUR
7

RADTOUR: VON JULIUSRUH ZUM KAP ARKONA

ROUTE: Juliusruh › Altenkirchen › Nobbin › Vitt › Kap Arkona › Putgarten › Bakenberg › Dranske › Bug › Kuhle › Wiek › Breege › Juliusruh

KARTE: Seite 116
DAUER: 1 Tag, ca. 45 km
PRAKTISCHE HINWEISE:
- Die Radwege sind gut ausgebaut. Fährt man auf der Straße, so ist auf dem Abschnitt von Altenkirchen nach Putgarten Vorsicht geboten, denn die Straße ist schmal und die Autos fahren schnell.
- Mit dem RADzfatz-Linienbus (www.vvr-bus.de) mit Radanhänger kann man Mai–Okt. von Putgarten, Dranske oder Altenkirchen aus zurück nach Juliusruh fahren.

TOUR-START:

Der Weg von **Juliusruh** **3** › S. 118 führt fast unmerklich, doch stetig ansteigend entlang der Uferlinie in Richtung Nobbin. Kurz nach dem Campingplatz Drewoldke sollte man den kleinen Schlenker landeinwärts nach **Altenkirchen** **4** › S. 119 machen, um die zauberhafte Dorfkirche (um 1200) zu besuchen. Kurz

vor **Nobbin** ragen die Blöcke eines steinzeitlichen Megalithgrabs aus der Wiese und animieren zur Rast. Weiter die Steilküste entlang, trifft man auf die Kapelle von **Vitt** **7** › S. 123. Am besten lässt man hier sein Rad stehen und steigt zu Fuß hinab in die Senke, in die sich das romantische Fischerdorf mit seinen reetgedeckten Häusern und der achteckigen Kapelle duckt. Der Weg zum **Kap Arkona** **6** › S. 120 ist breit und gut, aber stark frequentiert.

Vom Kap saust das Fahrrad die Straße hinab nach **Putgarten** **5** › S. 120, wo der Arkonahof mit Kunsthandwerk und Café lockt. Durch Felder und Wiesen geht es nun zum versteckten Sandstrand am **Bakenberg**. Nach erfrischendem Bad in der Ostsee führt die Route nach **Dranske** **8** › S. 124 und zum **Bug** **9** › S. 124, dessen Südzipfel man nur im Rahmen einer Führung besichtigen darf. Auf dem Rückweg passiert man Rügens ältestes Wirtshaus, den »Schifferkrug« › S. 125 in **Kuhle**. Ihm gegenüber rauchen an der Mole des winzigen Hafens die Öfen einer Fischräucherei. Nach einer Stärkung im neu angelegten Hafen von **Wiek** **10** › S. 126 führt der Weg quer durch das offene Land vom Wieker Bodden zum Breeger Bodden und dem dortigen Fischer- und Urlaubsort **Breege** **2** › S. 117. Schlusspunkt der Tour ist wiederum **Juliusruh**, wo der kilometerlange Strand der **Schaabe** **1** › S. 116 zu Badefreuden verlockt.

UNTERWEGS AUF WITTOW

DIE SCHAABE 1 C/D2/3

Die Schaabe ist eine schmale, gut 10 km lange Landzunge, die Wittow mit Jasmund verbindet. Bis ins 19. Jh. war das Windland eine Insel; der Straßendamm über die Schaabe verband Wittow erst 1892 endgültig mit Rügen. Der endlos lange Sandwall ist einer der schönsten Küstenstriche, die Rügen zu bieten hat. Ab 1860 begann die Aufforstung mit Birken, Kiefern und Fichten. Es entstand ein Badeparadies der Extraklasse mit Schatten spendendem Wäldchen samt moosig weichen, windgeschützten Kuschelgruben. Entlang der Straße, die von Julius-

TOUR AUF DER HALBINSEL WITTOW

TOUR 7

RADTOUR VON JULIUSRUH ZUM KAP ARKONA

Juliusruh > Altenkirchen > Nobbin > Vitt > Kap Arkona > Putgarten > Bakenberg > Dranske > Bug > Kuhle > Wiek > Breege > Juliusruh

Tiefblick auf Juliusruh an der Außenküste der Schaabe

ruh über die Schaabe nach Glowe auf Jasmund führt, reihen sich die Parkplätze. Am feinsandigen Strand sieht man nichts als Horizont und Himmel, Bäume, Sand und Meer. Selbst in der Hochsaison ist es hier nie voll. Nur das Kreischen der Möwen, das Rauschen des Windes und das Rollen der Brandung sind auf ausgiebigen Strandwanderungen die Begleiter.

BREEGE 2 📖 D2

Das alte Kapitänsdorf Breege war mit seinem geschützten Naturhafen am Bodden früher nicht nur der größte Hafen von Wittow, sondern das bedeutendste Zentrum von Handelsschiffen unter Segel. Mehr als 100 Schiffseigner und Kapitäne mit großem Patent machten Breege im 18. und 19. Jh. zum wohlhabendsten Ort auf Rügen. Mit dem Niedergang der Großsegler verlor er seine Bedeutung. Erst mit dem Einsetzen des Badetourismus kehrte wieder Leben in das abgelegene Dorf zurück. Schon vor dem Ersten Weltkrieg kamen Tausende von Urlaubern im Jahr. Heute versucht man, wieder an die alten Tage anzuknüpfen und mit der großen neuen Marina Freizeitkapitäne nach Breege zu locken – mit Erfolg. Der eigentliche Badetourismus spielt sich jedoch an der Außenküste im Ortsteil **Juliusruh** › S. 118 ab.

Breege besitzt mit seinen Fischkuttern im Hafen, dem nostalgischen Kopfsteinpflaster der Straßen und den reetgedeckten alten Kapitänshäusern eine angenehm unaufgeregte, gemütliche Atmosphäre. Beim Anleger sind die **Saalsteine** zu sehen – mächtige Findlinge, hinter denen noch im 19. Jh. im Winter die Segelschiffe verankert wurden, um sie vor der Eispressung zu schützen.

HOTEL

Hotel am Wasser €€

Direkt am Breeger Bodden. Zimmer und Apartments im Landhausstil, mit Wintergarten-Terrassenrestaurant.

• Dorfstr. 79 | 18556 Breege
  Tel. 03 83 91/40 20
  www.hotelamwasser.m-vp.de

RESTAURANT

Boddenstübchen €€

In der urigen kleinen Dorfgaststätte kommt ebenso einfache wie schmackhafte und preiswerte Hausmannskost ohne jeden Schnickschnack auf den Tisch.

• Dorfstr. 76 | 18556 Breege
  Tel. 03 83 91/1 23 75

AUSFLUG ZUR INSEL HIDDENSEE

Vom Hafen Breege verkehren in der Sommersaison Schiffe der Reederei Kipp (Tel. 03 83 91/1 23 06, www.reederei-kipp.de) zur Insel Hiddensee. Setzen Sie schon möglichst früh am Tage über (ab 9.30 bzw. 10 Uhr) und mieten Sie sich dann im Zielhafen **Vitte** › S. 133 ein Fahrrad. So haben Sie bis zur Rückfahrt (letzte Fahrt 16.45 bzw. 15.15 Uhr) genügend Zeit.

JULIUSRUH **3** 📙 D2

Seinen Namen und seine Existenz hat das kleine Seebad dem Gutsbesitzer Julius von der Lancken (1767–1831) zu verdanken. Der spleenige Adlige hatte sich – obwohl das unfruchtbare Sandland auf der Schaabe dafür völlig ungeeignet

war – in den Kopf gesetzt, rings um seinen Herrensitz einen 40 ha großen Landschaftspark nach französischem Vorbild anzulegen. Die Erde ließ er unter großem Aufwand heranschaffen. Dies zog weitere wohlhabende Herren an, die sich in Juliusruh ihre Sommerresidenzen errichten ließen. Der Namensgeber selbst war ruiniert und sein Schloss zerfiel. Geblieben ist der **Park**, der heute zum Flanieren einlädt.

Als gegen Ende des 19. Jhs. die große Zeit der Segelschifffahrt zu Ende ging, versuchten Breeger Reeder, Juliusruh als Seebad zu etablieren und gründeten 1883 einen Badeverein. Mit mäßigem Erfolg. Bis zum Ende der DDR prägte überwiegend der Campingtourismus das sommerliche Bild von Juliusruh. In den 1990ern entstand im Landschaftsschutzgebiet, im Kiefernwald hinter dem 10 km langen Strand, die große Hotelanlage **Aquamaris Strandresidenz Rügen** › unten.

INFO

Informationsamt Breege-Juliusruh

• Wittower Str. 5 | 18556 Juliusruh
  Tel. 03 83 91/3 11 | www.breege.de

HOTEL

Aquamaris Strandresidenz Rügen €€–€€€€

4-Sterne-Anlage mit 140 Zimmern und 120 Wohnungen und mit umfassendem Erholungs- und Sportangebot, Erlebnisbad sowie Beauty- und Wellnessbereich u. v. m. Kulinarische Akzente setzen die italienische Küche und ein Steakhouse.

• Wittower Str. 4 | 18556 Juliusruh
  Tel. 03 83 91/4 40 | www.aquamaris.de

ALTENKIRCHEN 4 ▮ C2

Altenkirchen ist Wittows Hauptort, ein 1000-Seelen-Dorf mit alten Katen, Kopfsteinpflaster und einer **Dorfkirche** (Sommer 9–17.30, Winter 9–15.30 Uhr). Diese ist eine ganz besondere: nicht nur eine der ältesten, sondern für viele die schönste Kirche Rügens. Die um 1200 errichtete dreischiffige romanische Basilika mit ihren krummen Backsteinwänden und freistehendem hölzernem Glockenturm ist zauberhaft. Das Bauholz stammt angeblich aus den eingerissenen Palisaden der Jaromarsburg auf Kap Arkona, die 1168 von den Dänen erobert wurde. Ein nachweislich vorchristliches Element befindet sich in der südlichen Chormauer auf der Höhe des Feldsteinsockels. Der Reliefstein zeigt einen bärtigen Mann, der ein Füllhorn hält; entweder die Darstellung eines Swantevit-Priesters oder der Grabstein Tetzlaws, eines Bruders des Fürsten Jaromar I. Im Innern wurden in den 1960er-Jahren Deckenmalereien freigelegt, die neben drei Gesich-

Die Dorfkirche in Altenkirchen

tern zwei schwarze Hähne, ein Schwein und einen Pelikan zeigen. Man vermutet: Die Hähne sind Symbole Svantevits, das Schwein ein slawisches Kulttier und der Pelikan ein christliches, was sozusagen eine Art frühchristliches religiöses »Crossover« darstellen könnte. Der künstlerische Wert der gotländischen Kalksteintaufe mit ihren vier modellierten Männerköpfen ist unbestritten. Sie entstand vor 1250. Eine Kopie des Runge-Gemäldes

---

💬 PFARRER KOSEGARTEN

Kein anderer hat Altenkirchen und das nahe Fischerdorf Vitt so bekannt gemacht wie Ludwig Gotthard Theobul Kosegarten. Geboren 1758 in Grevesmühlen, wurde er 1793 Pfarrer in Altenkirchen. In dieser Funktion hielt er die berühmten Uferpredigten auf den Klippen von Vitt. Da die Heringsfischer in der Fangsaison keine Zeit hatten, zu ihm in die Kirche zu kommen, ging er kurzerhand zu ihnen und hielt seine Predigt neben den Heringsfässern unter freiem Himmel. Neben seinem Pfarramt dichtete Kosegarten und pflegte freundschaftlichen Kontakt mit Größen wie dem Forscher Alexander von Humboldt. Zu Schiller, Herder und Goethe unterhielt er eifrigen Briefkontakt.

»Petrus auf dem Meer« (vgl. auch Kapelle in Vitt › S. 123) ist im südlichen Seitenschiff ausgestellt.

Am Kirchhof tragen etliche Gedenksteine und Grabwangen verwitterte Reliefs von Segelschiffen als Hinweis auf den Beruf der Verstorbenen. Auch das Grab des Pfarrers Kosegarten (1758–1818) › S. 119 ist hier zu finden. Über das Leben und Wirken des Dichterpfarrers informiert das **Kosegartenhaus** neben der Kirche mit einer Ausstellung (Mitte Mai–Ende Okt. 9–17 Uhr).

RESTAURANT

Hofcafé & Räucherei €

Ein echter Geheimtipp! Gegenüber der Kirche sitzt man beim supernetten Wirt im lauschigen Garten und genießt in entspanner Atmosphäre Leckereien wie selbstgebeizten Lachs oder Omas Apfel-Zimt-Streusel mit Bourbonvanilleeis. Di und Do ist Räucherfisch-Abend.

• Karl-Marx-Pl. 4 | 18556 Altenkirchen
  Tel. 03 83 91/8 97 01 | Ostern–Sept.

PUTGARTEN 5 📖 D1

Wer mit dem Auto kommt, um die Attraktionen Wittows zu besuchen, der muss es auf dem Großparkplatz Putgarten abstellen. Bis zum Kap Arkona und dem Fischerdorf Vitt geht es von hier aus nur noch zu Fuß, per Kutsche, Fahrrad oder mit der Arkona-Bahn.

Im Dorf steht das **Helene-Weigel-Haus,** eine malerische 200 Jahre alte Bauernkate, die das theaterschaffende Ehepaar Helene Weigel und Bertolt Brecht einst als Ferienhaus erworben hatte. Das Café dar-

in mit kleiner Ausstellung zu den Persönlichkeiten ist leider bis auf Weiteres geschlossen (Dorfstr. 16).

RÜGENHOF ARKONA

»Die« Attraktion von Putgarten ist der Rügenhof Arkona, den man auf dem Weg zum Kap passiert. Der Gutshof beherbergt zahlreiche Shops und Läden, darunter eine Glasbläserei, eine Töpfer-Schauwerkstatt, eine historische Druckwerkstatt, eine Bernsteinschleiferei, eine Fischräucherei und ein Café. › mehr S. 17 Punkt 34 In den Außenanlagen erwarten den Besucher Teiche, Freigehege, Streichelzoo, Kräuter- und Bauerngarten, Spielplätze und vieles mehr. In der Saison finden hier regelmäßig auch Bauernmärkte sowie bunte Fischer- und Bauernfeste statt (Dorfstr. 22, Tel. 03 83 91/41 90, www.kap-arkona. de; tgl. Jan.–März u. Nov.–Dez. 12 bis 16, April 10–16, Mai/Okt. 10–17, Juni/Sept. 10–18, Juli/Aug. 10–19 Uhr, Nov.–März So geschlossen).

KAP ARKONA 6 ⭐8 📖 D1

Schon von Weitem erblickt man das Markenzeichen vom Kap Arkona, das Turmensemble. Nur zwei davon sind Leuchttürme, der dritte ist ein alter Funkpeilturm. Kantig-gedrungen zeigt sich der Schinkelturm, klassisch schlank und mit roter Haube der Nachfolger von 1902.

INFO

Tourismusgesellschaft Kap Arkona

• Am Parkplatz | 18556 Putgarten
  Tel. 03 83 91/41 90 | www.kap-arkona.de

SCHINKELTURM

Der 19 m hohe Schinkelturm ist der älteste erhaltene Leuchtturm an der Ostseeküste, errichtet 1826/1827 nach Plänen des preußischen Baumeisters Karl Friedrich Schinkel (1781–1841). Parabolspiegel reflektierten das Licht der einst 17 von Rübenöl gespeisten Laternen fast 15 km weit. Die technische Ausstattung wurde nach Inbetriebnahme des neueren Leuchtturms ausgebaut und ist verschollen. Nach der DDR-Gründung diente der Schinkelbau als Wachturm. Heute steht er unter Denkmalschutz und ist umfassend restauriert.

In den Räumen des Turms und des ehemaligen Leuchtturmwärterhauses werden die **Ausstellungen** »Schinkels Schaffen«, »Leuchtfeuer an der deutschen Ostseeküste« sowie »Leuchtfeuer und Seezeichen« gezeigt. Zwei gusseiserne Treppen führen auf eine **Aussichtsplattform,** die den Blick weit hinaus auf die See ermöglicht (tgl. Nov.–März 11–16, April 10–16, Mai/Okt. 10 bis 17, Juni/Sept. 10–18, Juli/Aug. 10 bis 19 Uhr.).

LEUCHTTURM

Auch der jüngere, noch aktive Leuchtturm ist bereits ein Museumsstück (tgl. April 10–16, Mai/Okt. 10–17, Juni/Sept. 10–18, Juli/Aug. 10–19 Uhr). Seine technische Ausstattung ist die letzte ihrer Art an der Ostseeküste. Die Lichtsignale des 35 m hohen Ziegelbaus haben eine Reichweite von mehr als 40 km. Außerhalb der Signallaterne installierte Leuchten mildern die Blendwirkung auf Vögel. Eine wichtige Maßnahme, da das Kap Arkona Landmarke einer Zugvogelroute ist.

Kap Arkona mit dem Schinkelturm (links) und dem Leuchtturm von 1902 (rechts)

FUNKPEILTURM

Der etwas abseits der beiden Leuchttürme stehende dritte, 35 m hohe Turm am Kap Akona ist in gewissem Sinne auch ein Signalfeuer, aber ein unsichtbares. Er wurde 1927 als Funkpeilturm der Marine errichtet. Heute dient er als **Kulturzentrum** mit Ateliers für Künstler. Besteigt man ihn, so kann man sich einen sehr schönen Überblick aus der Vogelperspektive über die angrenzende Jaromarsburg verschaffen (Peilturm und Burgwall: Tel. 03 83 91/43 99 59; tgl. Mai/Okt. 10–16, Juni/Sept. 10–17, Juli/Aug. 10–18 Uhr).

JAROMARSBURG

Sie war einst die mächtigste und wichtigste der slawischen Wallburgen Rügens. Sie galt als uneinnehmbar und war mit dem zentralen Svantevit-Tempel das oberste Heiligtum der slawischen Urbevölkerung. Hier huldigte sie ihrem vierköpfigen Obergott Svantevit, dessen hölzerne Statue 8 m hoch war und der in seiner Rechten ein Horn trug.

1168 gelang es den dänischen Belagerern, an den Holzpalisaden Feuer zu legen, woraufhin sich die Belagerten ergaben. Damit war die letze Festung der Ranen gefallen. Aus dem hölzernen Götzenbild des Svantevit machten die dänischen Eroberer Kleinholz für ihre Suppenkessel. Dass man noch heute alles so detailgenau weiß, verdanken wir dem Geschichtsschreiber Saxo Grammaticus, der damals das dänische Heer begleitete und alles in seiner spannenden »Historica Danae« festhielt. An die Bedeutung dieser Burg erinnert nun eine Svantevit-Statue.

Mehr als die Hälfte der typischen, bis zu 10 m hohen kreisrunden Erdwälle der Slawenburg sind bereits dem Küstenabbruch zum Opfer gefallen und in die Ostsee gestürzt.

BUNKER

Ein Ort wie das Kap Arkona war immer schon von militärischer Bedeutung. So haben sich hier im Lauf der Jahrzehnte verschiedene Armeen unterirdische Anlagen gebaut, die man in jüngerer Zeit teilweise für die Öffentlichkeit zugänglich gemacht hat. In direkter Nachbarschaft zu den beiden Leuchttürmen befinden sich zwei Bunker:

Der kleinere, ältere, der meist als **Arkonabunker** bezeichnet wird, stammt noch von der Wehrmacht und beherbergte zu DDR-Zeiten die 6. Grenzbrigade Küste. Heute wird in den unterirdischen Räumen eine Dokumentation zur Geschichte Kap Arkonas von der Slawenzeit bis zur Gegenwart präsentiert.

Der größere, neuere Bunker wurde 1979–1986 errichtet und diente der Volksmarine als Gefechtsstand. In dem **Marineführungsbunker** kann man eine Ausstellung mit Bunkereinrichtungsgegenständen und eine Modellschiffsammlung sehen (Tel. 03 83 91/43 46 60, www. foerderverein-kap-arkona.de; etwa 45-min. Bunkerführungen ab ehem. Matrosenbaracke zw. 11 u. 15 bzw. 16 Uhr jeweils zur vollen Std., Gruppen von mehr als 13 Pers. bitte vorher telefonisch anmelden).

Café am Meer im denkmalgeschützten Fischerdorf Vitt

GELLORT

An der der bis zu 45 m hohen Steilküste des Gellort ist Rügens nördlichstes Ende erreicht. Unterhalb liegt der **Siebenschneiderstein** in der Ostsee, ein 61 m³ großer Granitfindling. Über die Königstreppe mit 230 Stufen gelangt man hinab zum Strand. Südlich der Jaromarsburg führt die sogenannte Veilchentreppe wieder hinauf auf das Kap.

VITT 7 9 ▮ D1

Zwischen der Jaromarsburg und Vitt steht kein Haus, und auch das kleine Fischernest ist vom Hochuferweg aus zunächst nicht zu bemerken, denn die wenigen Häuser des Dorfes (30 Einw.) ducken sich in eine windgeschütze, tief in die Steilküste eingeschnittene Senke. Vitt steht heute wegen seines einzigartig geschlossenen historischen Ortsbildes komplett unter Denkmalschutz (www.vitt-ruegen.de).

Den Rundgang durch das Dorf sollte man nicht versäumen, auch wenn an manchen schönen Tagen Heerscharen von Besuchern ein romantisches Flair erst gar nicht aufkommen lassen. Zum Einkehren laden das kleine **Café am Meer** und die Dorfschänke **Goldener Anker** › S. 124 ein.

Die Vitter Fischer lebten vor allem vom Heringsfang im Herbst, »Vitten« hießen die Landeplätze, an denen der Fang gereinigt, mit Salz konserviert und verpackt wurde. Das jährliche Erscheinen der Schwärme wurde von den Einheimischen sehnlichst erwartet. Am oberen Ende des Hohlwegs, der zum Dorf hinabführt, steht die schneeweiß getünchte, achteckige **Vitter Uferkapelle.** Zum Besuch der Messe im 8 km entfernten

Die Vitter Uferkapelle, errichtet zu Ehren des legendären Inselpfarrers Kosegarten

Altenkirchen ließen sich die Fischer während der Heringsfangzeit nur schwer bewegen. Pfarrer Kosegarten › S. 119 hielt daher trotz der unfreundlichen Jahreszeit Uferpredigten am Vitter Strand ab. 1806 wurde auf Kosegartens Initiative die schlichte, originelle Kapelle errichtet. Im Inneren fällt ein großflächiges Fresko über der Eingangstür auf. »Menschen im Sturm« des italienischen Künstlers Gabriele Mucchi entstand 1990. Berühmter ist das Bild »Petrus auf dem Meer«. Philipp Otto Runge (1777–1810), der der romantischen Bewegung angehörte und ein Freund Kosegartens war, wollte es zur Ausstattung der Kapelle beisteuern. Im Versammlungsraum hängt eine Kopie des unvollendet gebliebenen Altarbilds – ihre Vorlage ist in der Hamburger Kunsthalle zu sehen.

RESTAURANTS

Goldener Anker €–€€
Der historische Gasthof tischt solide Kost in rustikalem Ambiente auf. Hier sollte man Hering essen, egal ob als Matjes oder gebraten.
- 18556 Vitt Nr. 2 | Tel. 03 83 91/1 21 34 www.gasthof-vitt.de

Café am Meer €
Zu kleinen Snacks wie »Leichtmatrosen«-Frühstück, Suppe, Bockwurst oder Kaffee und Kuchen gibt es einen tollen Blick über den kleinen Hafen auf das Kap Arkona.
- 18556 Vitt 13 | Tel. 03 83 91/76 98 82

EINKAUFEN

Frisch geräucherten Fisch, u. a. Dorsch, Lachs, Barsch, gibt es in der **Fischräucherei** des letzten Fischers von Vitt am Hafen (Tel. 01 62/3 04 20 58).

DRANSKE ⑧ ▮ B2
UND DER BUG

Lange Zeit war Dranske im Westen Wittows ein Fischerdorf, bis im 20. Jh. die Militärs einfielen: erst die kaiserlichen Marineflieger, dann die Reichswehr, gefolgt von Wehrmacht, DDR-Volksarmee und schließlich der Bundeswehr. Zur Zeit des Nationalsozialismus erfuhr das Ortsbild einschneidende Veränderungen. Vom beschaulichen Fischerdorf blieb allein das Schulhaus erhalten. Die Nationale Volksarmee errichtete gesichtslose Plattenbausiedlungen für die Familien der hier stationierten Soldaten. 1990 lebten noch mehr als 4000 Menschen in Dranske, heute sind etwas über

1100 Einwohner, Arbeitslosigkeit und Abwanderung schreiten voran.

Über die Geschichte Dranskes und des Bugs als Militärstützpunkt informiert die marinehistorische Ausstellung im **Heimatmuseum** (Schulstr. 19, Tel. 03 83 91/8 90 07, www.bug-wittow.de; Juni–Okt. Mo bis Sa 11–16 Uhr). Bestrebungen, das brachliegende Gelände des Militärstützpunktes zu einem Segelzentrum auszubauen, scheiterten bisher daran, dass der gesamte Bug, der südlich des Ortes als schmale Landzunge zwischen Bodden und Hiddensee ins Meer hinausragt, zum Nationalpark Vorpommersche Boddenlandschaft gehört und für die Öffentlichkeit gesperrt ist.

INFO

Fremdenverkehrsamt Dranske
• Karl-Liebknecht-Str. 41
  18556 Dranske | Tel. 03 83 91/8 90 07
  www.gemeinde-dranske.de

RESTAURANT

Schifferkrug €
Rügens ältester Gasthof – hier wird seit 1455 Bier ausgeschenkt – in einem niedlichen Reetdachhaus serviert in urigem Ambiente gute regionale Küche mit Schwerpunkt Fisch. Besser Tisch vorbestellen!
• Hauptstr. 2 | Dranske-Kuhle
  Tel. 03 83 91/93 88 45
  www.schifferkrug-kuhle.de

Schreibers Fischimbiss €
Gemütlicher Imbiss mit Räucherei und Wintergarten direkt am Wasser.
• Am Hafen | Dranske-Kuhle
  Tel. 01 76/78 94 91 85
  April–Okt. 8–21 Uhr

AUSFLUG ZUM SÜDBUG 9 ▮ B2/3

Fast 100 Jahre lang war der 500 ha große Bug, der bei Dranske über 8 km in die Ostsee vorspringt, militärisches Sperrgebiet, von 1914, als die kaiserliche Luftwaffe hier einen Landeplatz für Marineflieger einrichtete, bis 1991, als die Bundesmarine ihren Stützpunkt endgültig schloss. Im Schatten der Militärs entwickelte sich auf großen Teilen des Bug über diese lange Periode eine einzigartige Flora und Fauna, weshalb die gesamte Halbinsel nach Abzug der Armee Teil des **Nationalparks Vorpommersche Boddenlandschaft** wurde.

Der Bug umfasst Wälder, Dünen und artenreiche Feuchtgebiete. Wie im Nordosten der benachbarten Insel Hiddensee bietet die Neulandbildung im Süden des Bug Lebensraum für zahlreiche wirbellose Tiere wie Würmer und Muscheln. Diese sind wiederum eine reichhaltige Nahrungsquelle für seltene einheimische Vogelarten wie auch Wasser- und Watvögel, die im Frühjahr und Herbst zum Vogelzug hier in teils riesigen Schwärmen rasten.

Der Bug ist als Schutzgebiet nach wie vor gesperrt und darf nur im Rahmen von **Führungen** betreten werden. Unterwegs weiht Sie der Wanderführer in die Geheimnisse von Bug und speziell in die Natur des Südbug ein. Hierfür muss man sich beim Fremdenverkehrsamt Dranske anmelden › links (Dauer ca. 3 Std., Treff am Eingangstor zum

Bug, April–Okt. Di u. Fr 9.15 Uhr). Ein besonderer Tipp sind die im Sommer veranstalteten Dämmerungswanderungen (Juli Do 19.15, Aug. Do 18.45 Uhr). Weitere Führungen bietet die Nationalparkverwaltung an (Tel. 0 383 00/6 80 41 od. 01 73/24 27 17).

WIEK 10 ▮ C2

Als Hafen und Handelsplatz hatte das Dorf (1150 Einw.) bis zur Eröffnung des Rügendamms größere Bedeutung. In dem geschützten Naturhafen löschten die Lastensegler ihre Fracht, und über eine eigens dafür errichtete und bis heute vorhandene Ladebrücke sollte hier Rügener Kreide verschifft werden, die per Schmalspurbahn aus einem nie realisierten Tagebau am Kap Arkona angeliefert werden sollte. Es existierte sogar eine tägliche Fährverbindung nach Stralsund.

Heute setzt man mangels Alternative vor allem auf den Tourismus. Der verrottete Hafen wurde zur schmucken Marina umgebaut. Im Zentrum liegt die St.-Georgs-Kirche mit einem freistehenden Glockenturm. Ab 1400 wurde der spätgotische Hallenbau im Auftrag der Zisterzienser errichtet. Ein dekorativ abgesetzter Westgiebel schmückt das Gebäude. Die Zierde des Innenraums bildet ein Reiterstandbild des hl. Georg aus der ersten Hälfte des 15. Jhs. Ein reizvolles Element ist auch die Triumphkreuzgruppe aus Altarfiguren diverser Epochen.

Ein einzigartiges Beispiel der Bauhausarchitektur ist das 1919 als Unterkunft für Marineflieger begonnene und 1929/30 im sogenannten Florida-Stil erweiterte **Kinderkurheim.** Heute dient die imposante Anlage als AOK-Mutter- und Kindheim und kann nur von außen besichtigt werden.

INFO

Tourismusinformation Wiek
- Am Markt 5 | 18556 Wiek
  Tel. 03 83 91/7 68 70
  www.wiek-ruegen.de

SCHIFFFAHRT

Die kleine **Wittower Fähre** pendelt über den schmalen Breetzer Bodden zwischen Wittow und Zentralrügen (tgl. 5.50–19, im Sommer bis 20 Uhr, im Hochsommer bis 21 Uhr, Pkw 4,50 €). Da das Fährschiff nur wenige Autos fasst, ist in der Hochsaison mit Wartezeiten zu rechnen.
- Tel. 01 72/7 52 68 38
  www.weisse-flotte.com

HOTEL

Herrenhaus Bohlendorf €€–€€€
Wo Claws Bolenson 1316 sein Gut errichtet hat, kann man jetzt in wunderbar ruhiger Lage im noblen Herrenhaus-Ambiente des Landhotels mit Kaminzimmer und Park logieren.
- Bohlendorf bei Wiek
  Tel. 03 83 91/7 70
  www.bohlendorf.de

Gasthaus Wittower Fähre €–€€
An der Fähre gelegene Pension mit einfachen Zimmern, Restaurant mit Biergarten, Rad- und Motorbootverleih.
- Wittower Fähre Nr. 9 | Wiek
  Tel. 03 83 91/7 03 34
  www.pension-wittow.de

INSEL HIDDENSEE

Im Naturschuztgebiet Dornbusch
krönt ein Leuchtturm Hiddensees
höchste Erhebung (72 m)

Rügens Nachbarinsel ist eine kleine Perle im Nationalpark Vorpommersche Boddenlandschaft, frei von Autos, Hektik, Lärm und Rummel. Dies schätzten auch schon Künstler des 19. und frühen 20. Jahrhunderts.

Hiddensee ist anders. Obwohl nur 17 km lang und höchstens gerade einmal 1,8 km breit, überragt der Name in der Literatur alles, was die deutsche Ostseeküste aufzubieten hat. Und das liegt nicht zuletzt am prächtigen Strand, der sich die gesamte Außenküste entlangzieht.

Die Einheimischen nennen ihre Insel schlicht »dat söte Länneken« – das süße Ländchen. Sie lieben die Heidelandschaft, die Sandstrände und Steilufer und schätzen das Glück, abgeschirmt zu sein. Hiddensee, die unberührte Schönheit. Seit ihrer Entdeckung durch die skurrile Künstlernatur Alexander Ettenburg 1895, der das Eiland in seinem Gedicht »Kennt Ihr das Ländchen« mit der Verszeile »O Hiddensee, du min sötes Land / Wie bist du leider noch unbekannt« bewarb, ist die Insel Traumziel von Generationen von Kulturschaffenden. Dem Pionier Ettenburg folgte ein buntes Völkchen, zu dem zahllose bekannte Namen der deutschen Geisteswelt gehörten. Albert Einstein, Gerhart Hauptmann, Wassily Kandinsky, Joachim Ringelnatz, Max Reinhardt, Carl Zuckmeyer, Ernst Toller, Bertolt Brecht, Asta Nielsen, Thomas Mann, Siegmund Freud und Franz Kafka – sie waren alle da und festigten den Ruf von Hiddensee als Künstlerinsel. Daran änderte sich auch in den 40 Jahren DDR nichts. Das Eiland ist nach wie vor ein begehrtes Ziel unangepasster Naturen, unruhiger Geister und kreativer Künstlerseelen.

Das Markanteste und auch Beste an der Insel: Hiddensee ist autofrei! Wie schön die Welt sein kann ohne stinkende Benzinkutschen, vermag man erst zu begreifen, wenn man einmal über diese Insel gewandert ist. Wer hier Urlaub macht, der sollte mit sich selbst etwas anzufangen wissen, denn viele kommerzielle Vergnügungsangebote darf man in den drei Dörfchen nicht erwarten. Gute Schuhe und regendichte Kleidung sind auf dem Eiland unverzichtbar. Getrost vergessen kann man dagegen Badehose und Bikini – Hiddensee ist die Mutter aller FKK-Kultur.

Ja, Hiddensee ist anders, und wer die Sinne dafür hat, der wird die ganz besondere, ungewöhnlich entspannte Atmosphäre und die wunderbare Inselnatur schätzen lernen und immer wiederkehren. Ob per Rad oder zu Fuß – die Hauptsehenswürdigkeiten lassen sich gut bei einem Tagesausflug entdecken. Nach Möglichkeit sollte man jedoch zumindest eine Übernachtung einplanen. Wenn die letzte Fähre mit Tagestouristen die »Perle der Ostsee« verlassen hat, beginnt das stille Glück, erlebt man das wahre Hiddensee.

TOUR IN DER REGION

TOUR 8

WANDERUNG: VON KLOSTER ZUM SÜDER-LEUCHTTURM

ROUTE: Kloster › Dornbusch ›
Vitte › Dünenheide › Neuendorf ›
Südelreuchtturm › Kloster

KARTE: Seite 130
DAUER: 1 Tag, ca. 26 km
PRAKTISCHE HINWEISE:
- Die Tour ist auch per Fahrrad machbar. Auf den letzten 2 km zum Süderleuchtturm gibt es Sandpassagen.
- Tagesgäste können sich in Kloster ein Fahrrad leihen und dieses in Neuendorf zurückgeben (oder umgekehrt).
- Bei Rückkehr am selben Tag sollte man sich nach der Abfahrtszeit der letzten Fähre erkundigen.

TOUR-START:
Von **Kloster** **1** › S. 131 führt die Wanderung zunächst in Richtung Norden durch das **Naturschutzgebiet Dornbusch** **2** › S. 132. Hierfür wandert man vom Ort durch den Wald hinauf und knapp an der Abbruchkante entlang (kleinere Kinder sollte man an der Hand führen, da das Kliff teils senkrecht abfällt!). Bänke geben Gelegenheit, den herr-

lichen Ausblick zu genießen – an klaren Tagen reicht die Sicht bis zur dänischen Insel Møn im Nordwesten. Der Weg leitet zur Gaststätte »Zum Klausner« › S. 133 und zum Leuchtturm. Beim Klausner führt eine lange steile Treppe hinab zum Strandufer, über das man die Strecke ebenfalls zurücklegen kann. Um vom Ufer hinaufzukommen, muss man allerdings schon etwas Puste haben. Vom **Leuchtturm** wandert man am Hochufer entlang bis zum »Toten Kerl« beim 65 m hohen **Swantiberg.** Am **Enddorn** ist dann auch Ende, denn Alt- und Neubessin sind als Volgelschutzgebiete gesperrt. Zurück geht es über Wiesenhänge, die aromatisch duftender Trockenrasen bedeckt, hinab zum am Bodden gelegenen Weiler **Grieben,** der ältesten Ansiedlung auf Hiddensee, und auf befestigtem Sträßlein zurück nach **Kloster.**

Das Fortbewegungsmittel auf Hiddensee

Anschließend führt die Tour nach **Vitte** 3 › S. 133, dem größten Ort der Insel. Wer nicht den belebten Hauptweg nutzen will, kann auch auf der Boddenseite auf dem Damm, wo es die meisten Geschäfte gibt, Vitte erreichen. Mit allem Notwendigen versorgt, geht es weiter durch die zauberhafte **Dünenheide** 4 › S. 136, in deren Mitte das Restaurant der Hotelanlage »Heide-

rose« zur Pause lockt. Wer durch die Heide streifen will und mit dem Rad unterwegs ist, sollte dieses hier abstellen. Übrigens dürfen Sie hier ruhig ein Heidesträußchen pflücken. Das dient der Verjüngung der Bestände. **Neuendorf** 5 › S. 136 ist der schönste Ort der Insel, die Handvoll Häuser auf der Wiese sind nur durch einige Trampelpfade miteinander verbunden. Hinter Plogshagen wird der Weg immer sandiger. Er endet am rot-weißen **Süderleuchtturm** 6 › S. 136, an dem ein herrlicher Strand zum Sprung ins kühle Nass einlädt. Am Weststrand gelangt man wieder zurück nach **Kloster.**

TOUR AUF HIDDENSEE

TOUR 8

WANDERUNG: VON KLOSTER ZUM SÜDERLEUCHTTURM

Kloster › Dornbusch › Vitte › Dünenheide › Neuendorf › Süderleuchtturm › Kloster

INFO

Insel-Information Hiddensee

Zentrale Touristinfo; Unterkunftsreservierung (für die Saison möglichst frühzeitig!) auch online möglich.

• Achtern Diek 18 | 18565 Vitte
  Tel. 03 83 00/6 60 86 85
  www.seebad-hiddensee.de

VERKEHRSMITTEL

Fähren nach Hiddensee verkehren ganzjährig nur von Schaprode auf Rügen › S. 75, März–Okt. auch von Stralsund › S. 144. Die Insel ist autofrei, das Kfz muss also kostenpflichtig abgestellt werden, z. B. auf dem Großparkplatz Schaprode. Am Hafen auf Hiddensee müssen Sie Ihr Gepäck selbst bis zum Quartier befördern, wofür Ihre Unterkunft für Sie am Hafen Handwagen zur freien Nutzung bereitstellt. Der **Inselbus,** verkehrt mehrmals tgl. als Schulbus zwischen den Orten und nimmt auch Gäste mit. In allen drei Orten existieren **Fahrradverleih-Stationen.**

UNTERWEGS AUF HIDDENSEE

KLOSTER 1 📖 b1

Rügenfürst Witzlaw III. schenkte die Insel Hiddensee 1296 dem Zisterzienserorden. An den Orden und sein Kloster erinnert heute nur noch der Ortsname. Das Dorf liegt reizvoll am Fuß des Dornbuschs › S. 132. Kloster ist mit seiner Kirche, dem Gerhart-Hauptmann- und dem Heimatmuseum das kulturelle Zentrum von Hiddensee und der touristisch bedeutendste Ort.

INSELKIRCHE & FRIEDHOF

Mitten im Dorf erhebt sich die 1332 geweihte **Hiddenseer Inselkirche.** Die stets geöffnete Pfarrkirche mit dem schönen hölzernen Tonnengewölbe ist vom Inselfriedhof umgeben. Ein Taufengel hängt von der mit Rosen ausgemalten Decke. In der freundlichen kleinen Kirche finden zahlreiche kulturelle Veranstaltungen statt (Kirchweg 42, Tel. 03 83 00/3 28, www.kirche-hiddensee.de). › mehr S. 15 Punkt ㉓

Auf dem kleinen **Hiddenseer Friedhof** erzählen viele der alten Grabsteine von den Schicksalen der Verstorbenen. Hier ruht u. a. die Ausdruckstänzerin Gret Palucca, die seit 1948 häufig auf Hiddensee war und 1991 hier beigesetzt wurde. An der Westseite hinter der Kirche befindet sich zu Füßen eines mächtigen Findlings das Grab Gerhart Hauptmanns, in dem seit 1983 auch die Urne seiner 1957 verstorbenen Frau Margarete liegt.

HAUS SEEDORN

Das Wohnhaus des großen Dramatikers Gerhart Hauptmann ist weitgehend original erhalten und dient heute als Museum. Hauptmann hatte 1930 die Villa erworben, einen Anbau in Auftrag gegeben und beide Teile durch einen neogotischen Bogengang miteinander verbinden lassen. Schauvitrinen informieren über Hauptmanns spezielle Beziehung zu Hiddensee. In den Schlafzimmern im Obergeschoss sieht man, wie der Dichter seine Geistesblitze fixierte: Hauptmann pflegte Ideen, die ihm im Bett kamen, kurzerhand an die Wand zu schreiben (Kirchweg 13, Tel. 03 83 00/3 97, www.hauptmannhaus.de; Mai–Okt. Mo–Sa 10–17, So 13–17, Nov. u. Febr.–April Di–Sa 11–15 Uhr, Dez. nach Voranmeldung).

Die traditionsreiche Gaststätte-Pension Wieseneck in Kloster

HEIMATMUSEUM

Einblicke in die Inselgeschichte von der Geo(morpho)logie bis zum modernen Küstenschutz gibt das kleine Heimatmuseum Hiddensee in der ehemaligen Seenotrettungsstation (Kirchweg 1, Tel. 03 83 00/ 3 63, www.heimatmuseum-hiddensee.de; Jan.–März u. Nov.–Dez. Do bis Sa 11–15, April bis Okt. tgl. 10 bis 16 Uhr,). Das bekannteste Exponat ist eine Nachbildung des Hiddenseer Goldschatzes › S. 135. Nach Sturmfluten fanden Neuendorfer Fischer 1872/1873 am Strand eine Fibel, einen Halsring und zehn Hängekreuze. Die fein gearbeiteten Goldschmiedearbeiten entstanden wohl im 10./11. Jh. unter den kunst-

---

💬 GERHART HAUPTMANN

1885 kam Gerhart Hauptmann (1862–1946) bei seiner Hochzeitsreise erstmals nach Hiddensee. Erst später begann Hauptmanns Aufstieg als Dramatiker. Sein bekanntestes Stück »Die Weber« (1891) brachte ihm 1912 den Nobelpreis ein. Zu Wohlstand gelangt, erwarb Hauptmann 1930 das Haus Seedorn in Kloster. Schon vorher hatte er viele Sommer auf Hiddensee verbracht. Längst galt er als kulturelles Aushängeschild der Insel. Am 6. Juni 1946 starb Gerhart Hauptmann in seiner schlesischen Heimat. Seinem Wunsch entsprechend ließ ihn die Witwe neben der Inselkirche zu Kloster begraben.

---

fertigen Händen eines Wikingers. Die Originale verwahrt das Stralsund Museum › S. 141.

HOTELS

Hitthim €€–€€€
24 romantische Zimmer in einem Fachwerkhaus. Restaurant mit gemütlicher Gaststube und Garten.
• Hafenweg 8 | Kloster
  Tel. 03 83 00/66 60
  www.hitthim.de

Wieseneck €€
Traditionsreiches Haus, in dem seit 1913 zahlreiche Prominente logierten. Die gemütliche Gaststube und die schöne Terrasse sind noch heute ein beliebter Treff.
• Kirchweg 18 | Kloster
  Tel. 03 83 00/3 16
  www.wieseneck-hiddensee.de

RESTAURANT

Schillings Hafen Amt €€
Außenstelle von Schillings Gasthof in Schaprode im Hafen Kloster. Currywurst und Schnitzel, Backfisch und Fish & Chips mit Niveau, dazu tolles Kuchenangebot
• Hafenweg 11 | Kloster
  Tel. 03 83 09/12 16
  www.schillings-hafenamt.de

NATURSCHUTZGEBIET DORNBUSCH  b1

Die bis zu 72 m hohe Dornbusch-Strauchendmoräne ist Hiddensees geologischer Inselkern und Materiallieferant für die andauernde Umgestaltung des Eilands. Um durchschnittlich 30 cm weicht die Kliffkante hier im Norden jedes

Jahr zurück. Die Ostseewellen befördern die Abtragungen dann zu
neuen Ufern: Der etwa 3 km lange
Neubessin, der nordöstlichste
Landhaken Hiddensees, wächst in
manchen Jahren um bis zu 40 m.

Der Dornbusch ist eine halboffe-
ne Weidelandschaft mit Trockenrasen und Gebüschgruppen, Gras-
nelke und wilder Thymian gehören
hier zur interessanten Flora. Seit
1937 steht das Gebiet unter Naturschutz. Auf dem mit 72 m ü. NN
höchsten Punkt, dem Schluckswiek,
ragt der 1888 in Betrieb genomme-
ne, 28 m hohe **Leuchtturm** auf. Der
Aufstieg ist zwar möglich, jedoch
eng und steil – deshalb für Kinder
unter 6 Jahren verboten und für
Menschen mit Kreislaufproblemen
oder Klaustrophobie nicht geeignet
(Mai–Okt. tgl. 10.30–16, Nov.–Dez.
Do 11–15, Jan. Fr/Sa 11–15, Febr.
Mi/Do/Fr/Sa 11–15, März Fr/Sa
11–15, April Di–Sa 10.30–16 Uhr,
nur bei guter Witterung).

Im Wäldchen hinter dem Leuchtturm liegt an der Abbruchkante des
Steilufers die Ausflugsgaststätte
Zum Klausner, die einst der hier
eremitisch lebende Hiddensee-Ent-
decker Ettenburg begründete. An
der Gaststätte und am Leuchtturm
vorbei fuhrt ein schöner Rundweg
durch den Dornbusch von Kloster
aus nach Norden entsprechend dem
Beginn von Tour **8** ‣ S. 129.

Blühendes Hiddensee im Weiler Grieben am
Fuß des Dornbuschs

Mona, zwei niedliche Häuschen über dem
Steilufer – wohl die beeindruckendste
Unterkunft auf Hiddensee.
- Im Dornbuschwald 1 | Kloster
  Tel. 03 83 00/66 10
  www.klausner-hiddensee.de

VITTE **3** 📖 b1

Vitte ist mit seinen etwas über 1000
Einwohnern die Inselhauptstadt.
Dort leben die meisten Hiddenseer,
dort sind auch die Verwaltung die
Inselinformation und das Nationalparkhaus angesiedelt. Doch Vitte
fehlt ein geschlossenes Ortsbild und
Zentrum. Zwischen Fischerkaten
und einigen städtisch anmutenden
Putzbauten liegen die Villen der Ur-
laubsgäste.

HOTEL

Zum Klausner €–€€
Gaststätte und Pension in schönster Alleinlage. Auch Ferienhäuschen, darunter besonders entzückend: Haus Klaus und Haus

MAX-TAUT-HÄUSER

Zwei der Hauptsehenswürdigkeiten
Vittes stechen am nördlichen Ortsausgang ins Auge – hier liegen hin-

Die Blaue Scheune in Vitte erhielt durch die Künstlerin Henni Lehmann ihre Farbgebung

tereinander auf der Wiese zwei ungewöhnliche Häuschen. Ersteres ist das sogenannte **Karusel,** das sich einst die UFA-Schauspielerin Asta Nielsen vom berühmten Architekten Max Taut bauen ließ. Nach umfassender Restaurierung erstrahlt das Haus seit 2015 in ursprünglichem Gewand und zeigt eine Ausstellung zu Nielsen und Taut (Tel. 03 83 00/6 42 10, www.asta-nielsen-haus.de; April–Okt Mo, Di, Do, Fr, Sa 11–15 Uhr, Nov–März Di, Do, Sa 11–13 Uhr). Das zweite, das mit dem schiefen Dach, wird häufig fälschlicherweise als **Henny-Porten-Haus** bezeichnet. Es wurde jedoch, ebenfalls von Max Taut, für den Berliner Fabrikanten Karl Wiedemann errichtet. Die UFA-Schauspielerin besaß nie ein Haus auf Hiddensee, war aber oft hier Gast.

BLAUE SCHEUNE

Auffällig ist auch die Blaue Scheune, ein entzückend blau angemalter alter Rauchkaten, wie man ihn einst auf Hiddensee häufig fand. Schon vor dem Zweiten Weltkrieg diente das Postkarten-Idyll als Künstleratelier. 1920 erwarb es die Malerin Henni Lehmann (1887–1937), die ihm den blauen Anstrich verpasste und in dem sie mit dem »Hiddenseer Künstlerinnenbund« Ausstellungen zeigte. Heute ist Familie des 2000 verstorbenen Künstlers Günter Fink.

NATIONALPARKHAUS

Das nördlichste, reetgedeckte Haus in Vitte ist das Nationalparkhaus. Dieses informiert in seiner Ausstellung unter dem Motto »Panta Rhei« (alles fließt) und in Broschüren über die Flora und Fauna der Insel und des Nationalparks Vorpommersche Boddenlandschaft, eine 3-D-Projektion zeigt die Insel im Jahreszeitenwandel. Ein Erlebnispfad, Vorträge und Führungen zu Fuß oder per Rad ergänzen das Angebot (Norderende 2, Tel. 03 83 00/6 80 41; April–Okt. tgl. 10–16, Nov. bis Dez. 10–15, Jan.–März 13 bis 16, Uhr, Eintritt frei).

HOTELS

Godewind €€–€€€
Freundliche Hotelzimmer und 15 geschmackvoll eingerichtete Ferienwohnungen. Mit gemütlichem dazugehörigen Restaurant.
• Süderende 53 | Vitte
  Tel. 03 83 00/66 00
  www.hotelgodewind.de

Heiderose €€
Weitläufige Anlage mit 19 Ferienhäusern in der Heidelandschaft zwischen Vitte und Neuendorf. Mit beliebter Ausflugsgaststätte und Fischrauchhaus.
• In den Dünen 127 | Vitte
  Tel. 03 83 00/6 30
  www.heiderose-hiddensee.de

RESTAURANT

Inselreif €€
Das Restaurant serviert regionale und saisonale pommersche Gerichte. Prämiert mit dem Siegel »Regionale Esskultur«, Tischreservierung empfohlen.
• Süderende 9
  Tel. 03 83 00/2 63 | Vitte
  www.hiddensee-inselreif.de
  April–Okt. 12–21 Uhr

EINKAUFEN

Hiddenseer Kutterfisch
Hier verarbeiten und vermarkten die Hiddenseer Fischer ihren Fang selbst. Besonders lecker sind auch ihre Fischkonserven.
• Wiesenweg 8 | Vitte
  03 83 00/Tel. 12 16
  www.hiddenseer-kutterfisch.de

🔷 SAGENHAFTE SCHATZINSEL HIDDENSEE

Hithin, Anführer der Wikinger, heiratete Hilde. Brautvater Hägin beschuldigte Hithin des vorehelichen Geschlechtsverkehrs mit seiner Tochter und forderte ihn zum Zweikampf. Das Duell endete mit dem Ableben beider Kontrahenten. Schauplatz des Dramas war ausgerechnet die friedliche Insel Hiddensee, deren Name auf den Wikingerherrscher zurückgeführt wird. Von der Präsenz der Wikinger zeugt der **Hiddenseer Goldschatz**, dessen Nachbildung im Heimatmuseum Kloster zu sehen ist. Glaubt man der Fama, so liegen unermessliche Schätze noch immer im Sand verborgen, wie etwa die goldene Rüstung des Wikingerkönigs Olaf Tryggvasson. Zur ersten Jahrtausendwende verlor der Herrscher ein Seegefecht in der Nähe des Gellens, sprang mitsamt dem teuren Kampfanzug verzweifelt über Bord und ward nicht mehr gesehen. Auch die Mönche sollen erhebliche Reichtümer vor Ort vergraben haben, darunter zwölf goldene Apostelstatuen. Angeblich erscheinen sie gelegentlich nachts, um die Verstecke zu inspizieren.

Bernsteinwerkstatt Vitte
Handgefertigter Bernsteinschmuck aus
eigener Herstellung.
• Norderende 142 | Vitte
Tel. 03 83 00/6 07 30
www.bernsteinwerkstatt-vitte.de

DÜNENHEIDE 4 b1/2

Zwischen Vitte und Neuendorf erstreckt sich dieses Naturschutzgebiet mit Sanddünen, durchsetzt
von Heidekraut, Glockenheide,
Krähenbeere, Wacholder und Sanddorn. Letzterer ist Grundlage für
diverse Spezialitäten Hiddensees:
Die verarbeiteten Beeren bietet die
Gastronomie als Saft, Likör oder Eis
an. Der zum Bodden hin gelegene
Teil der Dünenheide ist streng geschützt (Betreten verboten!). Der
Teil zur Außenküste darf dagegen
durchstreift werden. › mehr S. 18
Punkt ❸❼ Ein Lehrpfad erläutert die
Besonderheiten der Vegetations-
zone. In der trockenen Heide kommen auch Kreuzottern vor.

NEUENDORF 5 a2

Das denkmalgeschützte Neuendorf
ist eigentlich ein Doppeldorf: Der
Ortsteil Plogshagen wurde 1296 gegründet und ist älter als die Nach-
barsiedlung (um 1700). Die Süder,
wie man die Einwohner von Neuendorf bezeichnet, bauten ihre Häuser
auf freier Wiese wegen der Sturm-
flutgefahr auf so genannten Bargen,
erhöhten Dünenkämmen. Es existieren hier keine Straßen oder breite
Wege, sondern nur Trampelpfade
von Haus zu Haus.

Was die entfesselte See anrichten
kann, bewiesen die Sturmfluten des
Jahres 1872. Südlich des Dorfs
durchtrennten sie die Insel. Erst
mithilfe des sogenannten **Dicken
Fadens,** eines Steindamms, der
noch heute existiert, ließ sich der
Durchbruch flicken.

RESTAURANT

Café Rosi €€
Eine Institution auf Hiddensee! Gemütli-
ches kleines Café, das köstliche Kuchen,
Gebäck und Eisbecher bietet. Eine Spezi-
tät sind »Sturmsäcke«, eine Art Riesen-
Windbeutel. › mehr S. 15 Punkt ㉑
• Pappelallee 11 | Neuendorf
Tel. 03 83 00/5 01 68 | www.cafe-rosi.de
April–Okt. ab 11 Uhr. Mo Ruhetag

SÜDERLEUCHT-
TURM 6 a2

Südlich des Dicken Fadens steht der
10 m hohe Süderleuchtturm. Zwischen Turm und Ende des Wald-
streifens ragen bei Niedrigwasser
dunkle Steine aus der Ostsee. Es
sind Fundamente der alten Seefah-
rerkirche auf dem Gellen, das Zis-
terziensermönche 1302 errichteten.
Ein angrenzender Turm diente als
einer der ersten Signalgeber an der
Ostseeküste. Zur Sicherung der
Schiffspassage nach Stralsund diente Kerzenlicht als Leuchtfeuer, das
von einem Mönch gewartet wurde.

Südlich des Leuchtturms ist Hiddensee für die Urlauber zu Ende.
Ein Zaun markiert den Beginn des
Vogelschutzgebietes Gellen, das
nicht betreten werden darf.

STRALSUND

Im Stadthafen von Stralsund

Stralsund glänzt sowohl mit seiner mittelalterlichen Backsteinarchitektur mit prächtigen Patrizierhäusern und Kirchen als auch mit seinen Museen, darunter dem Ozeaneum, einem der spektakulärsten Meeresmuseen.

»Wer Stralsund hat, der hat auch Rügen«, rief einst der Heerführer Wallenstein seinen 25 000 Mannen zu, die die Stadt 1628 belagerten. Doch die Stralsunder konnten den kaiserlichen Truppen mit Hilfe der Dänen und Schweden trotzen und Wallenstein musste abziehen.

Die Stadt am Strelasund war Zeit ihres Bestehens umkämpft und umstritten, denn die strategische Lage ließ ihre Besitzer schnell mächtig und reich werden. So nimmt es nicht Wunder, dass Stralsund eines der wichtigsten Mitglieder der Hanse wurde und mit Lübeck in ständiger Konkurrenz um Rang eins lag.

Das machte sich auch im Stadtbild bemerkbar, in Form von prächtigen Sakral- und Profangebäuden.

Die in ihrer mittelalterlichen Bausubstanz fast geschlossen erhaltene Altstadt ist ein einmaliges Ensemble, was 2002 auch die UNESCO mit ihrer Aufnahme in die Weltkulturerbeliste anerkannte. Die Bundesregierung fördert die Restaurierung in einem 800 Gebäude umfassenden Modellprojekt mit einem Aufwand von weit über einer Milliarde Euro. Noch ist manches zu tun, doch über weite Strecken erstrahlt Stralsund mit drei mächtigen Stadtkirchen, prächtigen Patrizierhäusern, Handelskontoren, Speicherhäusern und wehrhaften Stadttoren wieder im alten Glanz.

Als Tor zu Rügen war Stralsund lange ein quälendes Verkehrsnadelöhr. Mit der Eröffnung der Rügenbrücke über den Strelasund 2007 ist der alte Rügendamm kein Hindernis mehr. Ein ausgiebiger Bummel durch die Fußgängerzonen und Geschäftsstraßen der attraktiven Altstadt Stralsunds sowie ein Besuch von einigen ihrer zahlreichen Sehenswürdigkeiten und Museen gehört einfach zu jeder Rügenreise. Ein Tag wird dazu allerdings nicht ausreichen. Denn den benötigen Sie fast für das spektakuläre Ozeaneum, ein einmaliges Meeresmuseum mit gigantischen Aquarien.

Die Rügenbrücke überquert seit 2007 den Strelasund zwischen Stralsund und Rügen

TOUR DURCH STRALSUND

ALTSTADTRUNDGANG

> **ROUTE:** Neuer Markt/Marienkirche ›
> Museumshaus › Meeresmuseum ›
> Stralsund Museum › Kütertor › Kam-
> pischer Hof › Alter Markt › Rathaus ›
> Nikolaikirche › Wulflamhaus ›
> Kniepertor › Johanniskloster ›
> Stadthafen › Hansakai › Ozeaneum ›
> Nautineum › Alter Hafen › Heilgeist-
> kloster › Schiffercompagnie
>
> **KARTE:** Seite 140
> **DAUER:** ¹/₂ Tag ohne Museumsbe-
> such, mind. 1 Tag mit, ca. 3 km
> **PRAKTISCHER HINWEIS:**
> • Auch wenn die Wege kurz sind,
>   macht das alte Kopfsteinpflaster
>   sietwas anstrengend. Bequeme
>   Schuhe sind zu empfehlen.

TOUR-START:

Die Altstadt Stralsunds gehört zu
Recht zum UNESCO-Weltkulturerbe und ist ein wahres Gesamtkunst-
werk. Obwohl gegen Ende des
Zweiten Weltkriegs einige der historischen Bauwerke Bomben zum
Opfer fielen, blieb der Stadt viel von
der Pracht vergangener Zeiten erhalten. Die Wege sind kurz, das
Areal zwischen Frankenteich, Knieperteich und Strelasund umfasst
gerade einmal knapp 0,5 km².

Idealer Ausgangspunkt für den
Stadtrundgang ist das **Parkhaus
»Am Neuen Markt«** 1 🏛 b2 (Einfahrt: Frankenwall 24). Man muss
nur den Frankenwall überqueren
und schon taucht man in die Altstadt ein.

NEUER MARKT UND
MARIENKIRCHE 2 🏛 b2

Vom Parkhaus sind es nur wenige
Schritte und Sie stehen in einer anderen Welt – auf dem **Neuen Markt**
mitten in der Altstadt. Und vor
Ihnen erhebt sich die gewaltige **Marienkirche.** Eine Besteigung des
Turms verschafft gleich den richtigen Überblick. Der enorme dreischiffige Backsteinbau wurde von
1384 bis 1478 errichtet. Die Marienkirche ist mit ihrem fast 100 m langen und 32 m hohen Hauptschiff
eine der größten Backsteinkirchen
Norddeutschlands. Sie war einst das
Gotteshaus der Handwerkszünfte,
die mit ihrem Bau die Ratsherren-
und Kaufmannskirche auf dem
Alten Markt überflügeln und so ihren Mitbestimmungsanspruch un-
termauern wollten.

Ein ganz besonderes Musikerleb-
nis sind die Konzerte auf der weltberühmten Barockorgel, die der
große Orgelbauer Friedrich Stell-
wagen aus Lübeck 1653–1659
angefertigt hat (www.st-marien
gemeinde-stralsund.de, April/Okt.
tgl 10–17, Mai–Sept. 9.30–17.30,
Nov.–März Mo–Fr 11–12 u. 14–16,
Sa 10–12, So nach Gottesdienst ca.

11–12 Uhr. Gewölbeführung Di 15
u. Do 15.30 Uhr oder nach Anm.).

MUSEUMSHAUS 3 ▮ b2

Das Museums- oder Krämerhaus ist
eins der ältesten Gebäude Stalsunds.
Das umfassend restaurierte, mehr
als 600 Jahre alte gotische Giebel-
haus ist mit seiner noch erhaltenen

Originaleinrichtung ein seltener
Glücksfall. Nirgendwo anders wird
das mittelalterliche Leben und
Arbeiten der Hansekaufleute leben-
diger und anschaulicher als in
dieser Außenstelle des Stralsund
Museums › S. 141 (Mönchstr. 38, Tel.
0 38 31/25 36 17, www.stralsund-
museum.de; Di–So 10–17 Uhr).

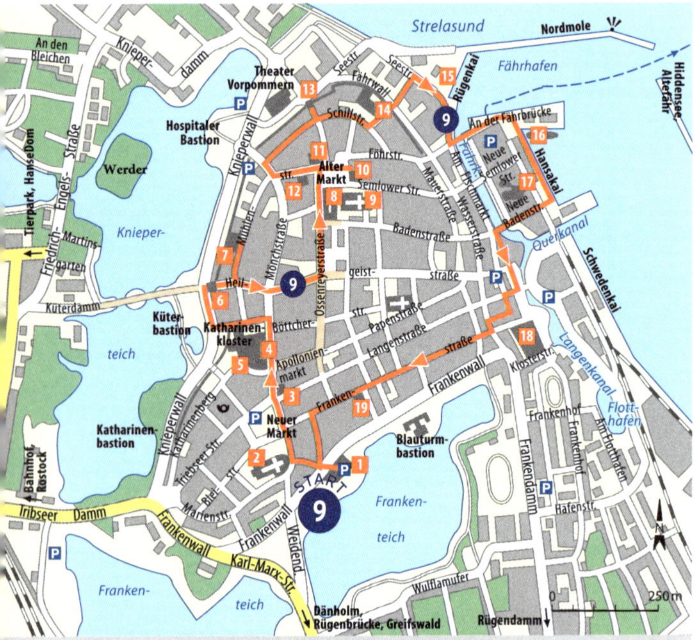

RUNDGANG DURCH DIE ALTSTADT VON STRALSUND

TOUR 9

1 Parkhaus »Am Neuen Markt«
2 Marienkirche
3 Museumshaus
4 Meeresmuseum
5 Stralsund Museum
6 Kütertor
7 Kampischer Hof
8 Rathaus
9 Nikolaikirche
10 Commandantenhus
11 Wulflamhaus
12 Dielenhaus
13 Kniepertor
14 Johanniskloster
15 Stadthafen
16 Gorch Fock 1
17 Ozeaneum
18 Heiligeistkloster
19 Schiffercompagnie Stralsund

MEERESMUSEUM 4 📖 b2

Auch wenn das Ozeaneum › S. 144 als jüngster der vier Standorte des **Deutschen Meeresmuseums** (weitere: Nautineum › S. 145, Natureum am Darßer Ort) herausragt, lohnt das große Meeresmuseum im ehemaligen Dominikanerkloster St. Katharinen auf jeden Fall einen Besuch. Das Zusammenwirken der gotischen Klosterarchitektur mit den Unterwasserwelten hat einen ganz besonderen Reiz. Hauptattraktionen sind das Tropen- und das Mittelmeeraquarium sowie das Hai- und das Meeresschildkrötenbecken (Katharinenberg 14–20, Eingang Mönchstraße/Bielkenhagen, Tel. 0 38 31/2 65 02 10, www.meeres museum.de; April–Okt. tgl. 10–17, Nov.–März Di–So 10–17 Uhr. Erw. 10 €, Kind 5 €). › mehr S. 17 Punkt ㉙

STRALSUND MUSEUM 5 📖 b2

Das 1858 gegründete Kulturhistorische Museum (Stralsund Museum ab 2015) ist im ehemaligen Katharinenkloster untergebracht. Herausragende Exponate sind der berühmte **Hiddenseer Goldschatz** › S. 135 sowie Gemälde von Caspar David Friedrich und Philipp Otto Runge. Neben den umfangreichen Beständen zur Ur- und Frühgeschichte werden im Stammhaus auch Glanzlichter der Stadtgeschichte von der Gründung bis zur Neuzeit gezeigt (Mönchstr. 25–27, Tel. 0 38 31/ 25 36 17, www.stralsund-museum. de; Di–So 10–17 Uhr). Dependancen des Stralsund Museums sind das Museumshaus › S. 140 und das Marinemuseum › S. 146.

KÜTERTOR 6 📖 a2 UND KAMPISCHER HOF 7 📖 a/b1

Nördlich des Meeresmuseums steht an einem restaurierten Teilstück der alten Stadtmauer das **Kütertor** aus dem 13. Jh. Der heutige Bau stammt von 1446. Das Gebäude rechts daneben war einst das Domizil des Torschließers.

Nur wenige Schritte vom Kütertor entfernt, in der Mühlenstraße (Nr. 23) steht der **Kampische Hof,** ein sehr gut erhaltener Gebäudekomplex aus dem 13. Jh, der einst dem Zisterzienserkloster Neuenkamp als Stadtquartier diente.

RESTAURANT

Torschließerhaus €–€€

Gemütliche Gaststätte im historischen Torschließerhaus mit schönem Biergarten. Der Clou: Mitten im rustikalen Gastraum öffnet sich ein mittelalterlicher Brunnenschacht im Boden.

• Mühlenstr. 26 | Tel. 0 38 31/29 30 32 www.torschliesserhaus-stralsund.de

AM ALTEN MARKT 🔟

Mittelpunkt von Stralsunds Altstadt ist der Alte Markt, wo Norddeutschlands schönstes Rathaus zwischen prächtigen Bürgerhäusern steht.

RATHAUS 8 📖 b1

Mit der Schaufassade aus dem 14. Jh. wollten die Stralsunder die Konkurrentin Lübeck übertrumpfen. › mehr S. 17 Punkt ㉜ Schauen Sie auch hinein und spazieren Sie durch die kreuzgangähnliche Säulenhalle. Hier boten früher Händler ihre Waren an, denn das Gebäude wurde auch als Markthalle genutzt.

Westportal der Nikolaikirche

In einer Mauernische des Säulengangs steht eine Büste des schwedischen Königs Gustav II. Adolf. Der Monarch ergriff im Jahr 1630 gegen die kaiserliche Seite Partei, als die Stralsunder von Wallensteins Truppen bedrängt wurden. Im Ratsherrensaal stellte der Schwedenkönig die Bedingungen für seine Hilfe. 100 000 Reichstaler sollten die Bürger zur Kriegskasse beisteuern. Der Schwede bekam sein Geld, die »Kaiserlichen« wurden besiegt und Stralsund für lange Zeit schwedisch.

NIKOLAIKIRCHE 9 📖 b1

Unmittelbar an das Rathaus grenzt die Nikolaikirche, die Kirche der Stralsunder Kaufleute und Ratsherren. Die dreischiffige Hallenkirche, älteste der drei Stralsunder Pfarrkirchen (1276), bildet mit dem Rathaus ein beeindruckendes Architekturensemble. Die beiden gotischen Turmspitzen wurden 1662 zerstört.

Daraufhin erhielt der Südturm 1667 eine Barockhaube, der Nordturm jedoch nur ein Notdach, was bis heute so geblieben ist. Reich gegliedert ist das Westportal mit der ebenfalls barocken Tür.

Das Kircheninnere beeindruckt durch seine Pracht, ist quasi eine Leistungsschau der hanseatischen Kaufleute und. Jede Innung hatte ihren eigenen Flügelaltar. Und so gibt es heute den Schneider-Altar, den Bergenfahrer-Altar und den der Riemer-Innung (15./16. Jh). Die Sitze der Nowgorodfahrer aus dem 14. Jh. zieren russische Pelztierjäger. An der östlichen Chorschranke hängt eine astronomische Uhr von 1394 mit einem 14 m² großen Zifferblatt. Das kostbare, fast 5 m hohe Kruzifix stammt aus dem 14. Jh. Zu den größten Kunstschätzen zählt die bereits 1307 erwähnte Großplastik »Hl. Anna Selbdritt« (www.hst-nikolai.de; April–Mai u. Sept. bis Okt. Mo–Sa 10–18, So 12–16,

Nov.–März Mo–Sa 10–16, So 12 bis 15, Juni–Aug. Mo–Sa 10–19, So 12 bis 16 Uhr, Erw. 3 €.).

COMMANDANTENHUS 10 b1

Das dreigeschossige Gebäude von 1749, das den Alten Markt (Nr. 14) an seiner Ostseite abschließt, war die Schwedische Stadtkommandantur, worauf die gelbe Fassadenfarbe bereits hindeutet. Heute beherbergt das Haus Büros, das **Café am Markt** lädt zur Einkehr (tgl. 11–18 Uhr).

WULFLAMHAUS 11 b1

Das Wulflamhaus (Alter Markt 5) ist eines der schönsten Giebelhäuser der Stadt. Der legendäre Bürgermeister Bertram Wulflam ließ es sich 1370 als Wohnhaus errichten. Achten Sie auf den fantastisch gearbeiteten Giebel und die schöne Diele im Erdgeschoss.

RESTAURANT

Wulflamstuben €€

Restaurant im herrlichen Patrizierhaus mit großem Angebot guter deutscher und regionaler Fisch- und Fleischküche.

• Alter Markt 5 | Tel. 0 38 31/29 15 33 www.wulflamstuben.de

DIELENHAUS 12 b1

In Nachbarschaft zum Wulflamhaus steht das Dielenhaus (15. Jh.), benannt nach seiner gotischen Diele, die in den 1970ern rekonstruiert wurde. Typisch für solche Kaufmannshäuser war die große Diele, über die Waren durch die breite Tür ins Haus geschafft wurden. So konnten sie per Lastaufzug auf die Speicherböden transportiert und

dort gelagert werden. Heute wird die 5 m hohe Diele für wechselnde Kunstausstellungen genutzt (Mühlenstr. 3, Tel. 0 38 31/29 78 88; Mo bis Sa 10–17 Uhr).

KNIEPERTOR 13 b1

Einen Steinwurf vom Alten Markt entlässt das 1304 errichtete gotische Stadttor den Besucher der Altstadt aus ihren Mauern. Ursprünglich besaß Stralsund fünf Landtore in der Stadtbefestigung. Es blieben jedoch nur das Kütertor › S. 141 und das Kniepertor erhalten.

Tritt man durch dieses hinaus, erblickt man gegenüber in den Grünanlagen den hübschen **Knieperteich** und das sorgfältig renovierte »Große Haus« des **Theaters Stralsund.** Sein Programm umfasst alle wesentlichen Sparten der darstellenden Künste (Olof-Palme-Platz 6, Tel. 0 38 31/2 64 60, www. theater-vorpommern.de).

JOHANNISKLOSTER 14 b1

Noch innerhalb der Stadtmauer liegt direkt neben dem Kniepertor das Johanniskloster oder das, was die alliierten Luftangriffe 1944 von ihm übrig gelassen haben. Die Ruinen des Klosters bilden heute eine Oase der Ruhe und Einkehr mitten in der Stadt (Mai–Okt. Mo–Fr 10 bis 18, Sa/So 10–15, Nov.–April Mo–Fr 10–17, Sa 10–14 Uhr, So geschl.). Ein kleiner Rosengarten und eine nach Entwurf Ernst Barlachs gefertigte Pietà unterstreichen die Aura der alten Gemäuer. In der malerischen Ruine der **Klosterkirche** finden im Sommer Konzerte statt.

STADTHAFEN 15 🖼 b/c1

Am Ende der Schillstraße verlassen Sie die Mauern der Altstadt und erblicken vor sich den Fahrgasthafen der **Weißen Flotte** (Tel. 0 38 31/ 2 68 10, www.weisse-flotte.com). Hier schnuppern Sie das maritime Flair der Hansestadt. Am **Rügenkai** starten die Fähren nach Hiddensee und die Ausflugsboote zur Hafenrundfahrt. Hier bieten Buden und Kutter frischen und geräucherten Fisch in allen Varianten, hier kreischen die Möwen und hier startet auch die kleine Personenfähre über den Strelasund nach Altefähr › S. 57 auf Rügen (Dauer 15 Min.).

GORCH FOCK 1 16 🖼 c1

Vom Anleger der Weißen Flotte erblickt man schon die mächtigen Backsteinspeicher im Alten Hafen. Wenige Schritte sind es zum **Hansakai,** hier liegt der prachtvolle Dreimaster »Gorch Fock 1« vor Anker, der 1933 bei Blohm & Voss als Segelschulschiff der kaiserlichen Marine vom Stapel lief. Er ist nicht zu verwechseln mit dem Segelschulschiff Gorch Fock der Bundesmarine, deren Sanierung ab 2016 mit Zeitaufwand- und Kostenexplosion zum Politikum geworden ist.

Der Großsegler wurde nach 1945 erst in die Sowjetunion und dann in die Ukraine verbracht. 2003 erwarb der Verein Tall-Ship Friends e.V. das seguntüchtige Schiff und ließ es reparieren. Heute ist es ein Museumsschiff (An der Fährbrücke, Tel. 0 38 31/66 65 20, www.gorchfock1. de; 15. März–15. Okt. tgl. 10–18, 16. Okt.-14. März tgl. 10–16 Uhr).

OZEANEUM 17 ⭐ 12 🖼 c1

Stralsunds überragende Attraktion ist das Ozeaneum. Man kann trefflich darüber steiten, ob der hypermoderne Komplex nun gelungen in die historische Bausubstanz am Alten Hafen mit seinen Backsteinspeichern integriert ist. Unbestritten ist seine gewaltige Attraktivität. Das Ozeaneum ist, kurz gesagt, eine Liebeserklärung an die Meere dieser Welt und an ihre Bewohner, der Rundgang durch die Aquarien eine Unterwasserreise vom Stralsunder Hafenbecken über die Ost- und Nordsee bis ins Nordpolarmeer.

Dank modernster Technik erhält man unglaubliche Einblicke in marine Lebensräume vom Bodden bis zum offenen Atlantik. Größtes Aquarium ist das 2,6 Millionen Liter fassende **Schwarmfischbecken.** Und auf dem Dach findet sich eine **Pinguinanlage** mit Humboldtpinguinen. Dazu kommen **Ausstellungen,**auch für Kinder, zur Erforschung und Nutzung der Weltmeere sowie deren Riesen, u. a. mit Walen in 1 : 1-Modell (Hafenstr. 11, Tel. 0 38 31/2 65 06 10, www.oze aneum.de; Juni–Sept. tgl. 9.30–20, Okt. bis Mai 9.30–18 Uhr, Erw. 17 €, Kind 8 €/Kind.).

RESTAURANT

Speicher8 €€–€€€
Herausragende Küche im gediegenen Ambiente; jeden Di Sushi-Abend. Sonnenterrasse mit beheizbaren Strandkörben und Hafenblick. Kleiner Gastraum, deshalb besser reservieren!
• Hafenstr. 8 | Tel. 0 38 31/2 88 28 98
  www.speicher8.de

HEILGEISTKLOSTER 18 🔲 c2

Nach dem Schlenker durch die alten Hafenanlagen kehren Sie zurück zur Altstadt. An der **Heilgeistbastion** treffen Sie auf die bildschön sanierte Anlage des Heilgeistklosters. Ein Kloster hat es hier trotz des Namens nie gegeben, dafür ein mindestens 750 Jahre altes Hospital und daneben eine schlichte, dreischiffige gotische Hallenkirche aus dem 15. Jh.

In den zweigeschossigen Häuschen entlang eines lang gestreckten Hofes befinden sich heute sehr gefragte Wohnungen.

SCHIFFER-COMPAGNIE 19 🔲 b2

Am Ende der Frankenstraße (Nr. 9) passiert man das rote denkmalgeschützte Vereinshaus der Schiffercompagnie, des ältesten Vereins Deutschlands. 1488 von 50 Stralsunder »Fahrenslüsd« gegründet, sollte das Haus für die heimgekehrten Seeleute Unterkunft bieten. Was die Vereinsmitglieder (»Schiffsbrüder«) im Lauf der Jahrhunderte von ihren Fahrten mitbrachten, bildet heute ein wunderbares maritimes Sammelsurium von Seekarten bis zu Schiffsmodellen (Tel. 0 38 31/29 85 10, www.schiffer-compagnie.de; Mo–Fr 10–17 Uhr).

ABSTECHER ZUR INSEL DÄNHOLM

Die kleine Insel im Strelasund dient für die neue Rügenbrücke als eine Art natürlicher Pfeiler. Vom Stadthafen aus gibt es stündlich ein Bootsshuttle, mit dem Kfz fährt man über die B 96 via Rügendamm.

NAUTINEUM

Die Außenstelle des Deutschen Meeresmuseums › S. 140 zeigt auf dem Gelände des Alten Tonnenhofes Großexponate wie das Unter-

Das moderne Ozeanum steht im Kontrast zu den historischen Speichern am Hafen

wasserlabor »Helgoland«, in dem in den 1970er-Jahren vier Wissenschaftler mehrere Wochen unter Wasser lebten, oder Deutschlands größten Eisbrecher »Stefan Janzen«, der bis 2005 im Dienst war (Kleiner Dänholm, Tel. 0 38 31/29 85 10, www.meeresmuseum.de; Mai–Okt. tgl. 10–17 Uhr, Eintritt frei).

MARINEMUSEUM

Der Schwerpunkt des Museums in der ehemaligen Festungsanlage auf Dänholm liegt bei der marinen Geschichte von der preußischen über die Reichs- und Kriegsmarine bis zu den Seestreitkräften der DDR. Doch es zeigt auch Ziviles, z. B. zur Unterwasserarchäologie oder zum Bau des Rügendamms (Sternenschanze 7, Tel. 0 38 31/29 73 27, www.marinemuseum-daenholm.de; Mai–Okt. Di–So 10–17 Uhr).

INFO

Tourismuszentrale Stralsund
Bietet April–Okt. interessante Stadtführungen an. › mehr S. 13 Punkt ❽
• Alter Markt 9 | 18439 Stralsund
  Tel. 0 38 31/25 23 40
  www.stralsundtourismus.de

HOTELS

Altstadt Hotel Peiß €€
Gut, günstig und zentral beim Neuen Markt! Kleines, sehr freundlich und aufmerksam vom Ehepaar Peiss geführtes Hotel im historischen Haus mit 12 hellen, individuell und modern-geschmackvoll ausgestatteten Zimmern und 3 Suiten Kostenloses WLAN und gemütliche Weinstube, in der man sich selbst bedient (!) und seinen Verzehr aufschreibt.

• Tribseer Str. 15 | Stralsund
  Tel. 0 38 31/30 35 80
  www.altstadt-hotel-peiss.de

Hotel Kontorhaus €€
Kleines einladendes Haus mit modernen Zimmern im alten Hafenspeicher.
• Am Querkanal 1 | Stralsund
  Tel. 0 38 31/28 98 00
  www.hotel-kontorhaus-stralsund.de

NIGHTLIFE

Zur Fähre
Bereits 1332 für die eröffnet, die nach dem Schließen der Stadttore draußen bleiben mussten, und später mittels einer Sperrkordel nur Stammgästen vorbehalten, hat die Stralsunder Kneipenlegende Hannelore Höpner nach der Übernahme eine »Politik der Öffnung« betrieben. In der Kneipe mit besonderem Flair ist jeder wilkommen, um den Tag gemütlich ausklingen lassen.
• Fährstr. 17 | Stralsund
  Tel. 0 38 31/29 71 96
  www.zurfaehre-kneipe.de
  Tgl. ab 18 Uhr

Bar Hemingway
Bei 180 Cocktail- und 160 Whiskysorten und kommt hier meist richtig Stimmung auf.
• Hotel Zur Post | Stralsund
  Tribseer Str. 22 | Tel. 0 38 31/20 05 00
  www.bar-hemingway.de
  Tgl. ab 21 Uhr

Haus 8 – Die Bar
Preiswerte Studentenbar im Hafengebiet. Sympathische Musikkneipe für alle, die gern Rock und die Hits hören.
• Zur Schwedenschanze 15
  Stralsund | Tel. 0 38 31/28 18 88
  www.derstudentenkeller.de
  Tgl. 20–3 Uhr

EXTRA-TOUREN

Die spätgotische Kirche von Bobbin, Halbinsel Jasmund

TOUR 10

RUND UM RÜGEN MIT DEM RAD IN EINER WOCHE

ROUTE: Altefähr › Halbinsel Zudar › Putbus › Lauterbach › Fähre Moritzdorf › Middelhagen › Thiessow › Klein Zicker › Lobbe › Jagdschloss Granitz › Binz › Sassnitz › Nationalpark Jasmund/Königsstuhl › Glowe › Schaabe › Altenkirchen › Kap Arkona › Wiek › Wittower Fähre › Schaprode › Gingst › Kubitzer Bodden › Altefähr

KARTE: Klappe hinten
DISTANZEN: 270 km, **1. Tag** bis **Putbus** (40 km), **2. Tag** bis **Klein Zicker** (30 km), **3. Tag** bis **Binz** (25 km), **4. Tag** bis **Glowe** (40 km), **5. Tag** bis **Wiek** (46 km), **6. Tag** bis **Gingst** (36 km), **7. Tag** bis **Altefähr** (50 km)
PRAKTISCHE HINWEISE: Sie benötigen ein robustes Fahrrad. Die Route ist zwar großteil als Radweg ausgebaut, es gibt jedoch einige beschwerlichere Passagen (Sand, Betonschwellen o. ä.). Einen Gepäcktransportservic bietet z. B. »Die Mecklenburger Radtour« an (www.mecklenburger-radtour.de). Weitere Infos › S. 26.

Ja, etwas anstrengend ist es schon. Dafür lernt der Radler ein naturnahes Rügen kennen, das dem Autofahrer verborgen bleiben wird. Nach dem Start in **Altefähr** › S. 57 fahren Sie durch wogende Felder erst ein Stück auf dem ehemaligen Damm der Schmalspurbahn und dann auf der Allee zur **Halbinsel Zudar** › S. 59, weiter nach **Putbus** › S. 62. Im Ortsteil **Lauterbach** › S. 65 wartet ein bunter Fischerhafen, in dem Sie sich mit frischem Räucherfisch versorgen können. Der nächste Tag führt Sie durch den landschaftlich schönsten Teil der Insel, das **Mönchgut** › S. 90, zum äußersten Inselzipfel zum alten Lotsendorf **Thiessow** › S. 97. Übernachten können Sie in dem Dörfchen **Klein Zicker** › S. 97 im Hotel »Zum trauten Fischerheim«.

Die dritte Etappe zurück ins große Seebad Binz entfernt sich nie weit vom Strand, zwischen Thiessow und Lobbe bieten sich zahlreiche Gelegenheiten, um sich mit oder ohne Badehose in die Ostseefluten zu stürzen. Dem Aufstieg zum **Jagdschloss Granitz** › S. 86 und dem Trubel von **Binz** › S. 80 folgt erneut ein fast 10 km langer Strand, bevor Sie den Hafen von **Sassnitz** › S. 103 erreichen. Durch uralte Buchenwälder geht es nun quer durch den **Nationalpark Jasmund** › S. 105 den berühmten Kreidefelsen am Königsstuhl entgegen. Am Ende des anstrengenden Tags (Jasmund ist vergleichsweise hügelig!) ist die Freude groß, am Traumstrand von **Glowe** › S. 109 ein erfrischendes Bad nehmen zu können. Danach geht es am fünften Tag über die 10 km lange **Schaabe** › S. 116 hinüber auf die Halbinsel Wittow und weiter durch offenes Land bis zum **Kap Arkona** › S. 120. Einen Halt sollten Sie unbedingt in **Altenkirchen** › S. 119 einlegen und dort die bildschöne mittelalterliche Dorfkirche besuchen, bevor Sie mit dem kleinen Hafendorf **Wiek** › S. 126 das Etappenziel erreichen. Am nächsten Tag setzen Sie mit der Wieker Fähre über den Breetzer Bodden auf die Hauptinsel über. Westrügen ist beschauliches Bauernland, die Dörfchen am Wegesrand sind ursprünglich und wenig vom Tourismus berührt. Von der guten alten Zeit erzählen die musealen Handwerkerstuben im schmucken Angerdorf **Gingst** › S. 71, das die letzte Nächtigungsstation auf der Tour darstellt. So wird so mancher die letzte Etappe, die von Gingst am Kubitzer Bodden entlang zurück nach **Altefähr** › S. 57 führt, mit Wehmut antreten.

TOUR 11

ZU FUSS QUER ÜBER DIE INSEL IN EINER WOCHE

> **ROUTE:** Putgarten › Kap Arkona › Juliusruh › Glowe › Lohme › Nationalpark Jasmund/Königsstuhl › Sassnitz › Lietzow › Ralswiek › Bergen › Lauterbach › Groß Schoritz › Altefähr

> **KARTE:** Klappe hinten
> **DISTANZEN: 1. Tag** bis **Glowe** (21 km), **2. Tag** bis **Lohme** (12 km), **3. Tag** bis **Sassnitz** (15 km), **4. Tag** bis **Lietzow** (18 km), **5. Tag** bis **Bergen** (15 km), **6. Tag** bis **Lauterbach** (20 km), **7. Tag** bis **Groß Schoritz** (14 km), **8. Tag** bis **Altefähr** (21 km)
> **PRAKTISCHE HINWEISE:** Die Mehrtagestour ist Teil des Europäischen Fernwanderweges E 10 (Markierung: OES blau). Sie benötigen Wanderschuhe, Regenkleidung und einen Rucksack mit Proviant. Kartentipp: Rad- und Wanderkartenset »Rügen & Hiddensee« (6 Karten), Verlag Grünes Herz, Maßstab 1 : 30 000, 23,95 €.

Zu Caspar David Friedrichs Zeiten ging es nicht anders, heute ist man »in«, wenn man die Reize Rügens zu Fuß entdeckt. Von **Putgarten** › S. 120 führt der Weg 2 km zum **Kap Arkona** › S. 120 und von dort spektakulär an der Abbruchkante des Steilufers entlang, bevor er bei **Juliusruh** › S. 118 den 10 km langen Sandstand der **Schaabe** › S. 116 erreicht. Nach Übernachtung in **Glowe** › S. 109 hält auch der zweite Tag einen Höhepunkt bereit, denn die Steilküste zwischen Glowe und Lohme bietet großartige Ostseeblicke. Rügens schönsten Sonnenuntergang sollte man bei einem guten Essen und

Wein auf der Terrasse vom »Panorama-Hotel« in **Lohme** › S. 107 erleben. Am dritten Tag geht es in die alten Wälder des **Nationalparks Jasmund** › S. 105 hinein und über den weltberühmten Königsstuhl entlang der großartigen Kreideklippen bis **Sassnitz** › S. 103. Danach überquert man den Damm bei **Lietzow** › S. 112, der den Großen vom Kleinen Jasmunder Bodden trennt. Ein Sandstrand wartet hier zum abendlichen Erfrischungsbad.

Die nächste Etappe führt durch die Schwarzen Berge nach **Ralswiek** › S. 69, das durch sein prächtiges Schloss und die Störtebeker-Festspiele bekannt ist. Endpunkt der Tagesetappe ist die Inselhauptstadt **Bergen** › S. 66. Tag sechs erwartet den Wanderer erst mit einem schönen Abschnitt durch den großen Forst Prora, bevor er kurz vor **Putbus** › S. 62 wieder offenes Land und in **Lauterbach** › S. 65 die Boddenküste erreicht. Der siebte Tag ist ein Spaziergang entlang der romantischen Boddenküste bis nach **Groß Schoritz** › S. 60. Schließlich gibt es nochmal rund 20 km Genusswandern durch stilles Rügenland bis nach **Altefähr** › S. 57.

MIT DEM RASENDEN ROLAND VON PUTBUS NACH GÖHREN

ROUTE: Putbus › Binz › Sellin › Baabe › Göhren

KARTE: Klappe hinten
DISTANZ: 24 km, Fahrzeit einfach ca. 1 Std 20 Min.
VERKEHRSMITTEL: Zugfahrt mit Wanderung. Die Strecke wird Anf. Mai–Anf. Okt. tgl. 5-mal bedient (ab Binz 13-mal), im Winter 6-mal. Fahrradmitnahme ist im Gepäckwagen möglich (1,50–3 €). Außer den o. g. gibt es noch die Bedarfshaltestellen Beuchow, Posewald, Seelvitz, Serams, Jagdschloss, Garftitz und Philippshagen. Fahrkarten sollte man vor der Fahrt am Bahnhof kaufen; Einfach Erw. 11 €, Kind 5,50 €, Tageskarte Erw. 23 €, Kinder 6–13 J. 11,50 €; an Stationen ohne Fahrkartenverkauf beim Schaffner. Infos: Tel. 03 83 01/88 40 12, www.ruegensche-baederbahn.de.

Nicht nur Kinderaugen werden groß und größer, wenn die historische Schmalspurbahn »Rasender Roland« mit lautem Tuten und Zischen in den Kleinbahnhof einrollt und der rußgesichtige Lokführer seiner Lok erst einmal einen mächtigen Schluck Wasser aus der Zisterne gönnt. Kaum einer kann sich dem Reiz und der Freude entziehen, wenn die Lokomotive ihre Nostalgiewaggons dampfend von **Putbus** › S. 62 aus durch die Felder und

Wiesen in Richtung **Granitz** › S. 80 zieht. Am Wegesrand winken Wanderer, und Autos halten auf freier Strecke, um das niedliche Züglein zu fotografieren oder ihm sehnsüchtig hinterherzublicken.

Da jeder Zug auch Fahrräder befördert, ist die Schmalspurbahn ideal für kombinierte Tagesausflüge zu Fuß oder mit dem Rad. Vom Endbahnhof **Göhren** › S. 93 kann man dann durch das **Mönchgut** › S. 90 radeln, um am Abend sein Fahrrad wieder in den Rasenden Roland zu verladen und müde, aber glücklich und zufrieden seinem Federbett entgegenzuzuckeln.

DREITAGEFAHRT DURCH RÜGENS SCHÖNSTE WINKEL

ROUTE: Altefähr › Prosnitzer Schanze › Halbinsel Zudar › Putbus › Lauterbach › Lancken-Granitz › Jagdschloss Granitz › Binz › Garftitz › Seedorf › Sellin › Baabe › Göhren › Middelhagen › Gager › Groß Zicker › Thiessow › Klein Zicker

KARTE: Klappe hinten
DISTANZEN: 3 Tage, 100 km (ohne Abstecher), davon **Altefähr** (8 km) **Gustow** (4 km) **Poseritz** (8 km) **Garz** (5 km) **Groß Schoritz** (6 km) **Zudar** (Halbinsel Zudar) (16 km) **Putbus** (2 km) **Lauterbach** (10 km) **Lancken-Granitz** (2 km) **Jagdschloss Granitz** (9 km) **Binz** (9 km) **Garftitz** (4 km) **Seedorf** (5 km) **Sellin** (2 km) **Baabe** (4 km) **Göhren** (4 km) **Middelhagen** (6 km) **Gager** (3 km) **Groß Zicker** (5 km) **Thiessow** (2 km) **Klein Zicker**
VERKEHRSMITTEL: Die 100-km-Tour könnte man natürlich an einem Tag fahren, doch gibt es unterwegs viele Attraktionen, die einen Stopp bzw. einen Abstecher lohnen. Man sollte auf jeden Fall Wanderschuhe und – wenn möglich – ein Fahrrad dabeihaben, denn Sehenswürdigkeiten wie das Jagdschloss Granitz, der Bakenberg bei Gager oder auch das Zickersche Höft sind mit dem Auto nicht erreichbar. Entlang der Strecke bieten sich auch viele Stände für einen Radestopp an.

Dem Reiz der alten Allee kann sich keiner entziehen, der auf der neuen Rügenbrücke vom Festland her nach **Altefähr** › S. 57 kommt und dann bei Grahlhof auf die Straße zu den Seebädern einbiegt. Die herrlichen Alleestraßen zwingen zur langsamen Fahrt. Auf diese angenehme Art entschleunigt, entdeckt man auch die kleineren Reize links und rechts der Straße. Ein stilles Idyll ist beispielsweise die Prosnitzer Schanze am Strelasund, eine wahrscheinlich aus dem Dreißigjährigen Krieg stammende Wallanlage, die

Napoleon 1808 ausbauen ließ. Hier lässt sich der Picknickkorb ebenso gut auspacken wie am abgelegenen **Palmer Ort** › S. 61 auf der ruhigen Halbinsel Zudar, wo ein kleiner Sandstrand zum Sonnenbaden einlädt. Ob man die steinzeitlichen Großsteingräber in den Feldern bei **Lancken-Granitz** › S. 88 besucht, an der Kleinbahn-Station **Garftitz** mit der Fotoausrüstung auf den »Rasenden Roland«› S. 150 wartet oder auf schmaler Spur das malerische Dörfchen **Seedorf** am Neuensiener See erreicht – triftige Gründe, anzuhalten und auszusteigen sind so zahlreich wie abwechslungsreich.

Unterwegs gibt es auch reichlich Anlässe, das Auto auch einmal einfach einen Tag für Besichtigungen ganz stehen zu lassen: Bekannte Attraktionen sind das **Jagdschloss Granitz** › S. 86 inklusive Aussichtsturm mit grandioser Rundumsicht, das so quirligbunte Seebad **Binz** › S. 80 mit prächtiger Bäderarchitektur des 19. Jahrhunderts, **Sellin** › S. 88 mit seiner zauberhaften Seebrücke und die Mönchguter Museen und Großsteingräber in **Göhren** › S. 93. Schließlich verlocken die tollen Strände der Granitz und des **Mönchguts** › S. 90 dazu, mit Kind und Kegel, Windschutz und Kühlbox einfach einmal einen ruhigen Strandtag einzulegen. Zum Finale lädt das abgelegene Fischerdorf **Klein Zicker** › S. 97 mit seinem malerischen Hochufer zur Rast ein.

ROMANTISCHE HALBWÖCHIGE REISE VON BINZ ZUM KAP ARKONA

ROUTE: Binz › Schmale Heide › Mukran › Sassnitz › Nationalpark Jasmund/ Königsstuhl › Lohme › Schloss Spyker › Bobbin › Glowe › Schaabe › Juliusruh › Altenkirchen › Vitt › Kap Arkona › Schwarbe › Dranske › Wiek

KARTE: Klappe hinten
DISTANZEN: 3–4 Tage, 100 km, davon **Binz** (11 km) **Mukran** (5 km) **Sassnitz** (8 km) **Parkplatz Hagen** (3 km) **Königsstuhl** (5 km) **Lohme** (9 km) **Schloss Spyker** (2 km) **Bobbin** (5 km) **Glowe** (9 km) **Juliusruh** (3 km) **Altenkirchen** (7 km) **Putgarten** (2 km) **Vitt** (3 km) **Kap Arkona** (6 km) **Schwarbe** (11 km) **Dranske** (9 km) **Wiek**
VERKEHRSMITTEL: Die Kfz-Tour verläuft teils über schmale Alleen, also immer mit Licht fahren! Planen Sie viel Zeit ein, denn die Top-Attraktionen können nicht direkt angefahren werden: Zum Königsstuhl sind es 3 km vom Parkplatz bei Hagen, zum Kap Arkona 2 km vom Parkplatz Putgarten (beide kostenpflichtig). Achtung: Die Wittower Fähre verkehrt 5.50–19 bzw. 20 Uhr, Mai–Okt. bis 21 Uhr im Pendelverkehr (Infos: Tel. 01 72/7 52 68 38, www.weisse-flotte.de).

Sommerliches Promenieren vor der Bäderarchitekturkulisse im Ostseebad Binz

Binz › S. 80 ist ein guter Ausgangspunkt, für eine kleine Fahrt über die Halbinseln Jasmund und Wittow. Weit wird man bei Badewetter erst einmal nicht kommen, dazu ist der Superstrand auf der **Schmalen Heide** › S. 83 zu verführerisch. In **Sassnitz** › S. 103, dem Tor nach Skandinavien, findet man direkt im Hafen einen Parkplatz, um durch Rügens größten Fischereihafen zu bummeln, Fischbrötchen zu essen und das ehemalige britische U-Boot »HMS Otus«, heute ein Museumsboot, zu besichtigen. Nächster Tourpunkt ist der **Nationalpark Jasmund** › S. 105 mit seinen Kreidefelsen. Nicht weniger spektakulär ist das Fischerdörfchen **Lohme** › S. 107. Wer immer die Zeit dazu findet, der sollte hier Station machen und den Sonnenuntergang bewundern und bei den Fischern frischen Räucherfisch fürs nächste Picknick erstehen. Dafür bietet sich der Tempelberg hinter **Bobbin** › S. 109 an, von dessen Gipfel mit Tisch und Bank man eine großartige Aussicht auf das Tromper Wiek hat. Ein romantisches Strandpicknick lässt sich dagegen auf der **Schaabe** › S. 116 machen, bevor es weitergeht zum **Kap Arkona** › S. 120.

Meist ist es so, dass man die schönsten Naturplätze nur ohne Auto erreicht, in **Dranske** › S. 124 ist es anders herum. Wer an einer Exkursion zur Südspitze der gesperrten **Halbinsel Bug** › S. 124 mitmachen will, der muss mit dem Auto am Tor zum Bug warten. Von dort aus fährt man erst einige Kilometer in die Landzunge hinein, bevor es zu Fuß los geht. Stilvoll übernachten kann man in einem Herrenhaus in Bohlendorf bei **Wiek** › S. 126.

INFOS VON A–Z

ÄRZTLICHE VERSORGUNG/ APOTHEKEN

- Helios Hanse-Klinikum Stralsund
  Große Parower Str. 47–53
  Tel. 0 38 31/3 50
- www.helios-kliniken.de/klinik/ stralsund.html
- Sana Krankenhaus Rügen Bergen, Calandstr. 7–8 | Tel. 0 38 38/3 90
  www.sana-ruegen.de
- Ärztlicher Notdienst auf Rügen:
  Tel. 116 117
- Weiter Infos und Links zu Ärzten, Apotheken, Notdiensten etc.:
  www.gesundheitsinsel-ruegen.de

BADEN

Beim Baden im offenen Meer sind die Signale an den Stationen der Deutschen Lebens-Rettungs-Gesellschaft (DLRG) zu beachten: Ein roter Ball = Badeverbot für Kinder und Nichtschwimmer, zwei rote Bälle – Badeverbot.

FKK war in der DDR-Gesellschaft weit verbreitet. Daher gilt an der Ostseeküste: Jeder badet nach seiner Façon – auch wenn mancherorts Schilder das Gegenteil behaupten – bei entsprechender gegenseitiger Rücksichtnahme. So ist z.B. in der Nähe von großen Strandkorbkolonien oder in der Umgebung Seebrücken, Strandpromenaden o.ä. Nacktbaden nicht angebracht. Offizielle FKK-Strände gibt es u. a. am Bakenberg auf Wittow, auf der Schaabe, in Rappin und Sellin, zwischen Lobbe und Thiessow, bei Groß Stresow, bei Neu Reddevitz sowie beim Camping Pritzwald auf Zudar.

BARRIEREFREIES REISEN

Auf Rügen ist man sehr um barrierefreie Einrichtungen und Unterkünfte bemüht. Über aktuelle Fortschritte und Angebote informiert die Neue ohne Barrieren GmbH (Warnowallee 27, 18107 Rostock, Tel. 03 81/87 74 37 19, www.nob-rostock.jimdofree.com).

Ansprechpartner auf Rügen ist auch der Verein Tourismus für Alle, der eine Broschüre mit barrierefreien Einrichtungen auf der Insel herausgibt (Gingster Chausee 6, 18528 Bergen auf Rügen, Tel. 0 38 38/82 26 86, www.natko.de).

Die Tourismuszentrale Rügen > unten informiert auf ihrer Website über barrierefreien Urlaub auf der Insel, stellt geeignete Unterkünfte, Restaurants Verkehrsmittel und Strände vor und berät auch persönlich (www.ruegen.de/ueber-ruegen/barrierefrei-fuer-alle.html).

DÜNENSCHUTZ

»Dünenschutz ist Küstenschutz« – dies gilt auch auf Rügen. Trampelpfade über die Dünen bilden für den Wind gefährliche Angriffspunkte. Bitte lassen Sie sich zum Schutz der Dünen in diesen Bereichen auch nicht zum Sonnenbaden nieder, bleiben Sie auf angelegten Wegen und beachten Sie die Ge- und Verbote.
> mehr S. 19 Punkt **43**

HAUSTIERE

Fast immer besteht an bewachten Stränden in der Saison (Mai–Sept.) totales Hundeverbot. In allen Wäldern, Natur- und Nationalparkgebieten sind freilaufende Hunde verboten! In den meisten Seebädern wurden mittlerweile spezielle Hundestrände und -auslaufzonen eingerichtet. Erkundigen Sie sich vorher, ob Ihre Unterkunft Haustiere akzeptiert.
> mehr S. 19 Punkt **47**

INFORMATION

- Tourismuszentrale Rügen
  Circus 16 | 18581 Putbus
  Tel. 0 38 38/80 77 80 | www.ruegen.de

- **Insel Information Hiddensee**
  Norderende 162 | 18565 Vitte
  Tel. 03 83 00/60 86 85
  www.seebad-hiddensee.de
- **Tourismuszentrale
  Hansestadt Stralsund**
  Alter Markt 9 | 18439 Stralsund
  Tel. 0 38 31/2 52 34
  www.stralsundtourismus.de
- **Tourismusverband Mecklenburg-Vorpommern**
  Platz der Freundschaft 1
  18059 Rostock
  Tel. 03 81/4 03 05 50
  www.auf-nach-mv.de

KURTAXE

Alle Rügener Seebäder und die Insel Hiddensee erheben eine Kurtaxe, die je nach Kommune und Saison 0,50–2,80 € pro Tag beträgt. Die Kurkarte gewährt für bestimmte Angebote ermäßigten oder freien Eintritt.

NOTRUF

- **Euronotruf:** Tel. 112 (zentrale für Polizei, Rettungsdienst, Feuerwehr)
- **Polizei:** Tel. 110
- **Polizeiinspektion Bergen:** Tel. 0 38 38/81 00 (Breitsprecher Str. 11)
- **DLRG:** Tel. 0 38 31/29 72 06 (Einsatzleitung)
- **Pannenhilfe:** Tel. 01 80/2 22 22 22 (ADAC); Tel. 08 00/9 90 99 09 (AvD)
- **24-Std.-Abschleppdienst und Pannenservice:** Auto Eggert, Tel. 01 71/3 48 23 66 (Region Bergen/Rügen), Tel. 01 71/3 48 23 65 (Region Stralsund)

ÖFFNUNGSZEITEN

In den Restaurants ist selbst in der Hauptsaison oft schon um 21 Uhr Küchenschluss, und in der Vor- und Nachsaison schließen manche ganz. Wer Essen gehen will, der sollte sich früh auf den Weg machen (gegen 19 Uhr).

RUNDFLÜGE

- **Ostsee-Flug Rügen GmbH**
  Der Flugplatz Güttin liegt in der Nähe der B 96 zwischen Bergen und Samtens. Das Angebot reicht vom kurzen 20-minütigen Hüpfer bis zum 90-minütigen Rund-um-Rügen-Flug.
  18573 Güttin | Tel. 0 38 06/12 89
  www.flugplatz-ruegen.de

TAXIRUF

24-Std-Funktaxi inselweit
- Bergen, Tel. 0 38 38/25 26 27
- Binz, Tel. 03 83 93/24 24
- Göhren, Tel. 03 83 08/2 50 25
- Putbus, Tel. 03 83 91/3 39
- Sassnitz, Tel. 03 83 92/30 30
- Sellin, Tel. 0 38 38/8 54 85

ZEITUNGEN

Zeitung bzw. Magazin mit gutem Online-Angebot: Die große Tageszeitung **Ostsee-Zeitung** publiziert eigene Regionalausgaben für Rügen und für Stralsund (www.ostsee-zeitung.de/Vorpommern) sowie den **Ostsee-Anzeiger – Der Rüganer,** der wöchentlich (jeden Mi) mit Regionalnachrichten und Veranstaltungshinweisen als Print- und E-Paper-Ausgabe erscheint (www.ostsee-zeitung.de, Link unter »Mehr«). Im sechswöchigen Turnus erscheint **Rügen aktuell – das Inselmagazin** mit Veranstaltungskalender für Rügen und Stralsund (www.ruegen-aktuell.de).

🗨 URLAUBSKASSE

• Tasse Kaffee	ab 2 €
• Softdrink 0,2 l	ab 2 €
• Bier 0,3 l	ab 2,50 €
• Fischbrötchen (Hering)	ab 3 €
• Kugel Eis	ab 1 €
• Taxi (Kurzstrecke ca. 10 km)	ca. 19 €
• Mietwagen/Tag	ab 45 €

REGISTER

BILDNACHWEIS

Coverfoto Strandkörbe, Sellin, Rügen © mauritius images/epa creative
Fotos Umschlagrückseite © Getty Images/Jäkel, Andreas (links); Huber Images/Lubenow, Sabine (Mitte); Alamy/TravelCollection (rechts)

Alamy/Kuttig Travel: 67; Alamy/TravelCollection: 52; Fotolia/Czauderna, Henry: 95; Fotolia/F., Inga: 27; Fotolia/Falkenauge: 70; Fotolia/Palomita0306: 37; Fotolia/Rcphoto: 87; Getty Images/chris-mueller: 6; Getty Images/Jäkel, Andreas: 50/51; Getty Images/Linke, Raimund: 18; Höh, Peter: 8 o., 9, 28, 29, 32, 44, 133; Huber Images/Bäck, Christian: 10; Huber Images/Lubenow, Sabine: 34/35; Huber Images/Lukasseck, Frank: 63; Huber Images/Schmid, Reinhard: 121, 153; imago images/Sandbiller, Peter: 142; Jahreszeiten Verlag/GourmetPictureGuide: 46, 111; Jahreszeiten Verlag/Peters, Janne: 110; Jahreszeiten Verlag/Rupprecht, Pieter-Pan: 23; Jahreszeiten Verlag/Schmitz, Walter: 89; laif/Ebert, Thomas: 65; laif/Eisermann, Dirk: 92; laif/Hub, Andreas: 76, 103; laif/Kirchner: 45; laif/Schwelle, Dagmar: 61; Library of Congress: 39; Lookphotos/Bäck, Christian: 15; Lookphotos/Lubenow, Sabine: 72, 127, 137; mauritius images/imagebroker: 17; mauritius images/imagebroker/Nitschke, M.: 119; mauritius images/Waldkirch, Rainer: 81; Schapowalow/Schmid, Reinhard: 104; Shutterstock/aldorado: 77; Shutterstock/anyaivanova: 129; Shutterstock/DR pics: 74, 131; Shutterstock/footageclips: 123; Shutterstock/Kazmierczak, Pawel: 30; Shutterstock/LaMiaFotografia: 8 u.; Shutterstock/mitchFOTO: 20/21; Shutterstock/Mueller, Christian: 108; Shutterstock/RicoK: 145; Shutterstock/Traveller Martin: 124; Shutterstock/travelpeter: 114; Stadt Bergen auf Rügen: 68; stock.adobe.com/Comofoto: 138; stock.adobe.com/Engelhardt, Dirk: 13; stock.adobe.com/Hagen, Conny: 147; stock.adobe.com/Ina: 107; stock.adobe.com/pure-life-pictures: 84; stock.adobe.com/refresh(PIX): 113; Tourismuszentrale Rügen: 12, 59, 96; Wikipedia (gemeinfrei): 42; Wikipedia/Chin tin tin: 134; Wikipedia/Klugschnacker: 117.

Liebe Leserin, lieber Leser,
wir freuen uns, dass Sie sich für diesen POLYGLOTT on tour entschieden haben.
Unsere Autorinnen und Autoren sind für Sie unterwegs und recherchieren sehr gründlich,
damit Sie mit aktuellen und zuverlässigen Informationen auf Reisen gehen können.
Dennoch lassen sich Fehler nie ganz ausschließen. Wir bitten Sie um Verständnis, dass der
Verlag dafür keine Haftung übernehmen kann.

Ihre Meinung ist uns wichtig. Bitte schreiben Sie uns:

GRÄFE UND UNZER VERLAG
Postfach 86 03 66, 81630 München, Tel. 0 89 / 419 819 41
www.polyglott.de

LESERSERVICE
polyglott@graefe-und-unzer.de
Tel. 0 800 / 72 37 33 33 (gebührenfrei in D, A, CH), Mo–Do 9–17 Uhr, Fr 9–16 Uhr

1. Auflage 2019

© 2019 GRÄFE UND UNZER VERLAG GmbH, München
Dieses Buch wurde auf chlorfrei gebleichtem Papier gedruckt.
ISBN 978-3-8464-0331-0

Bei Interesse an maßgeschneiderten B2B-Editionen:
gabriella.hoffmann@graefe-und-unzer.de

Bei Interesse an Anzeigen:
KV Kommunalverlag GmbH & Co. KG
Tel. 089/928 09 60
info@kommunal-verlag.de

Verlagsleitung: Grit Müller
Verlagsredaktion: Anne-Katrin Scheiter
Autor: Peter Höh
Redaktion: Christian Steinmaßl
Bildredaktion: Kathrin Schäfer
Mini-Dolmetscher: Langenscheidt
Umschlaggestaltung & Layout:
Independent Medien Design, München
Horst Moser (Artdirection), Lucie Heselich
Karten und Pläne: Huber Kartographie GmbH
Satz: uteweber-grafikdesign
Herstellung: Anna Bäumner, Gloria Schlayer
Druck und Bindung: Printer Trento, Italien

PEFC/18-31-506

GRÄFE UND UNZER

Ein Unternehmen der
GANSKE VERLAGSGRUPPE

DER RÜGEN-FERIENHOF

◼ Zwischen Landleben und Land erleben

[I]m Rügen-Ferienhof auf der Halbinsel [L]ieschow steckt pure Landlust. Auf 150 [H]ektar in Alleinlage erwartet Sie ein [a]bwechslungsreicher Familienurlaub [a]uf dem Land inmitten von Feldern [u]nd Wiesen des Nationalparks Vor[p]ommersche Boddenlandschaft. Der [k]inderfreundliche Hof mit ländlichem [C]harme überzeugt neben der einma[li]gen Lage mit besonderem Komfort [u]nd Gastfreundlichkeit. Das gesamte [T]errain mit Tieren, abwechslungsrei[c]hen Spielecken und verkehrsfreien [W]egen bietet Familien unbegrenzten [F]reiraum für Ihren Urlaub auf Rügen.

[G]önnen Sie sich ein bleibendes Reiter[l]ebnis in Rügens Natur. Die Grundlagen [d]es Reitens werden kinderleicht in der [h]ofeigenen Reitschule erlernt.

[V]erbringen Sie Ihre Ferien in gemütli[c]hen Reetdachhäusern oder in einer [d]er ehemaligen Scheunen des Hofes. [D]ie 29 geräumigen Vier- und Fünf-Ster[n]e-Unterkünfte unseres Ferienhofes [s]ind komfortabel ausgestattet und ent[h]alten alles, was für einen entspannten [U]rlaub auf dem Land dazugehört.

RÜGEN
FERIENHOF

Rügen-Ferienhof
Lieschow 26 a/b
18569 Ummanz
Tel. 03 83 05/53 37 80
urlaub@ruegen-ferienhof.de
www.ruegen-ferienhof.de

CHECKLISTE RÜGEN

Nur da gewesen oder schon entdeckt?

☐ **AUF SPUREN CASPAR DAVID FRIEDRICHS**
Für den einmalig schönen Hochuferweg im Nationalpark Jasmund entlang der Kreideküste zum Königsstuhl sollte man die Wanderstiefel schnüren. › S. 101

☐ **LÄNDLICHES MÖNCHGUT-IDYLL**
Das Fischerdorf Groß Zicker mit seinen reetgedeckten Häusern ist ein Bilderbuchort, das Pfarrwitwenhaus eines »der« Rügenmotive. › S. 96

☐ **ERLEBNIS NATUR**
Im Naturerbe Zentrum lernt man multimedial und hautnah die Ökologie zwischen Jasmunder Bodden und Prorer Wiek kennen, Höhepunkt im wahrsten Sinne ist der Baumwipfelpfad. › S. 84

☐ **KUNSTHANDWERK UND KULINARIK AM KAP**
Auf dem Weg zum Kap Arkona lohnt ein Stopp am Rügenhof in Putgarten, um die Insel umfassend kreativ und kulinarisch kennenzulernen – und sich mit Typischem einzudecken. › S. 120

☐ **DIE WAHRE GORCH FOCK**
An Bord des Museumsschiffes »Gorch Fock 1« im Hafen von Stralsund geht man auf eine spannende Zeitreise retour in die Ära der Großsegler. › S. 144

☐ **RASENDER ROLAND**
Eine Nostalgiefahrt mit dem dampfenden und pfeifenden Schmalspurzug durch blühende Wiesen und Wälder der Granitz begeistert nicht nur Eisenbahnfans. › S. 6, 150

☐ **GLÜCKSBRINGERSUCHE**
Barfuß an einem der Spitzenstrände › S. 85 entlangwandern und die begehrten »Hühnergötter« › S. 11 sammeln gehört zu einem Rügen-Urlaub.

💬 **MITBRINGSEL**

• **Steinschmuck:** Ein (Bern-)Stein-unikat von Steinmüller ist ein schönes Stück Rügen › S. 109
• **Guter Geist:** Ein guter Tropfen aus der Edeldestillerie belebt die Rügen-Erinnerungen › S. 48